IT 실전 워크북 시리즈는

학습하시는 분들이 좀 더 쾌적한 환경에서 손쉽게 배울 수 있도록 체계적인 기획 하에 다음과 같은 특징을 가지고 만든 책입니다.

❶ 따라하기 형태의 내용 구성

각 기능들을 쉬운 단계부터 시작하여 실습 형태로 따라하면서 자연스럽게 익혀 실무에 활용할 수 있도록 하였습니다.

❷ 풍부하고도 다양한 예제 제공

실무에서 실제로 사용하는 예제 위주 편성으로 인해 학습을 하는데 친밀감이 들도록 하여 학습 효율을 강화시켰습니다.

❸ 베테랑 강사들의 노하우 제공

일선에서 다년간 경험을 쌓으면서 수첩 등에 꼼꼼히 적어놓았던 보물 같은 내용들을 [Tip], [Key point] 등의 코너를 만들어 배치시켜 놓아 효율을 극대화 시켰습니다.

❹ 대형 판형에 의한 시원한 편집

A4 사이즈에 맞춘 큰 판형으로 디자인하여 보기에도 시원하고 쾌적하게 학습할 수 있도록 하였습니다.

❺ 스스로 풀어보는 다양한 실전 예제 수록

각 단원이 끝날 때마다 배운 내용을 실습하면서 완벽히 익힐 수 있도록 난이도별로 다양한 실습 문제를 제시하여 복습할 수 있도록 하였습니다.

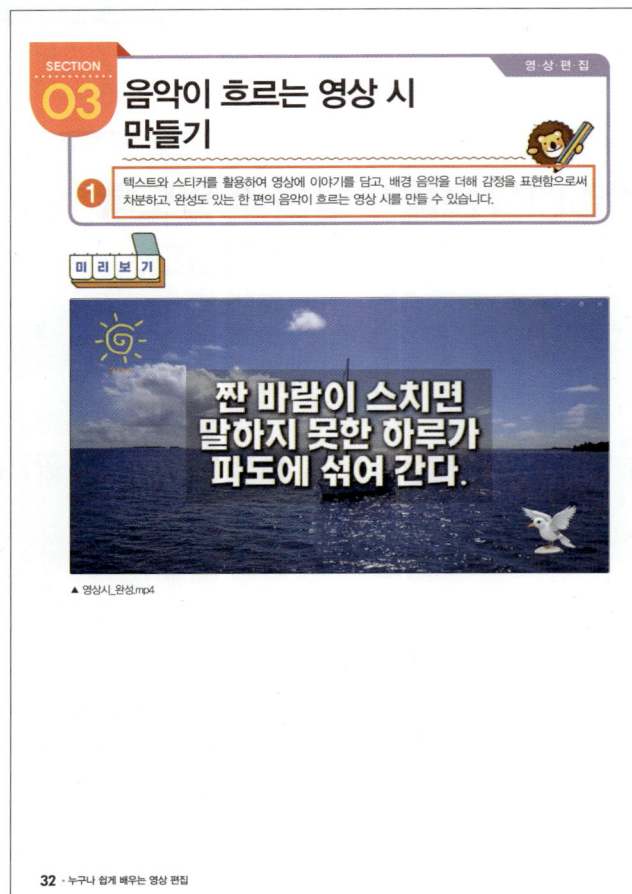

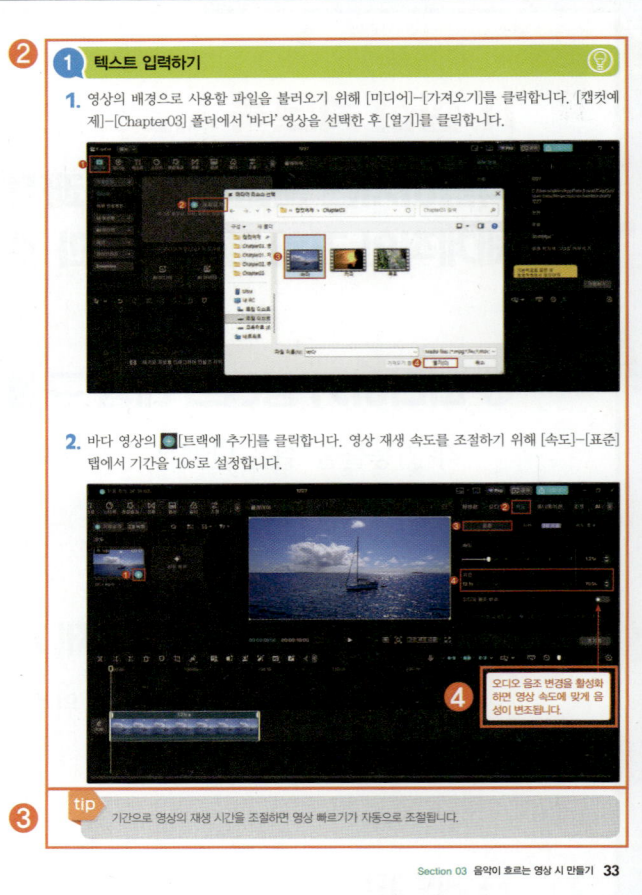

❶ 섹션 설명

해당 단원에서 배울 내용에 대한 전체적인 개념을 짚어줌으로써 단원에 대한 이해도를 증진시키도록 합니다.

❷ 따라하기

본문 내용을 하나씩 따라해 가면서 실습하다 보면 자연스럽게 관련 기능을 이해하여 활용할 수 있도록 하였습니다.

❸ Tip

실습을 따라하는 과정에서 알아두면 도움이 되는 내용 및 저자만이 가지고 있는 다양한 노하우를 제공합니다.

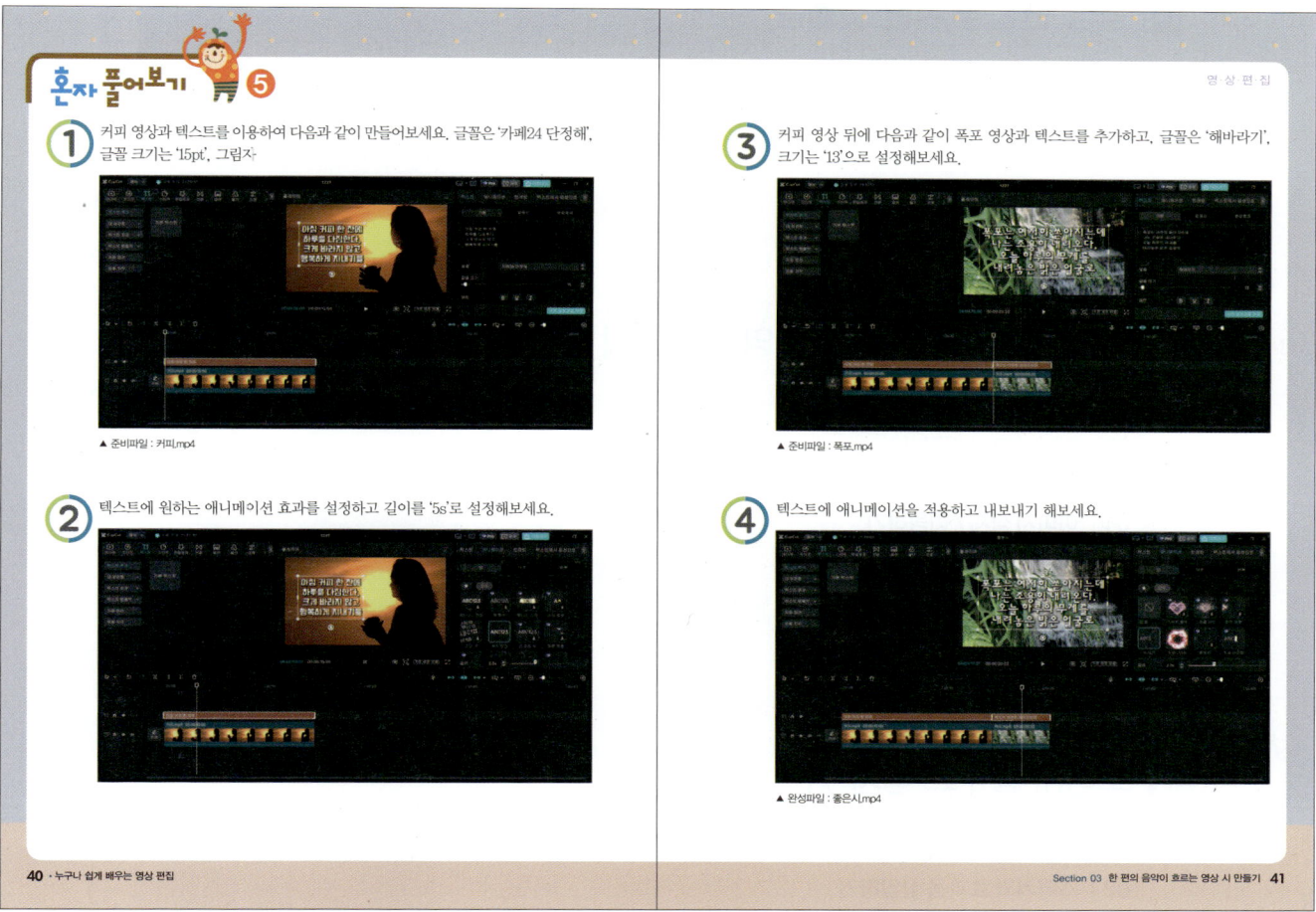

혼자 풀어보기 5

1 커피 영상과 텍스트를 이용하여 다음과 같이 만들어보세요. 글꼴은 '카페24 단정해', 글꼴 크기는 '15pt', 그림자.

▲ 준비파일 : 커피.mp4

2 텍스트에 원하는 애니메이션 효과를 설정하고 길이를 '5s'로 설정해보세요.

3 커피 영상 뒤에 다음과 같이 폭포 영상과 텍스트를 추가하고, 글꼴은 '해바라기', 크기는 '13'으로 설정해보세요.

▲ 준비파일 : 폭포.mp4

4 텍스트에 애니메이션을 적용하고 내보내기 해보세요.

▲ 완성파일 : 좋은시.mp4

4 # Key point

내용을 좀더 쉽게 이해할 수 있도록 핵심 설명을 달아놓았습니다.

5 # 혼자 풀어보기

본문에서 배운 내용을 다양한 예제를 통하여 실습하면서 확실하게 익힐 수 있도록 실습 문제를 담았습니다.

차 례

SECTION 01 영상 편집을 위한 첫걸음

영상 편집은 어렵게 느껴지지만, 많은 사람들이 사용하고 있는 캡컷을 이용하면 보다 쉽게 나만의 영상을 만들 수 있습니다. 모바일 버전과 PC 버전이 있는데 이 책에서는 PC 버전을 이용하여 작업하는 방법에 대해 다루겠습니다.

먼저 PC 버전 캡컷 화면 구성을 살펴보고 템플릿을 이용하여 빠르게 영상을 만드는 방법을 설명하겠습니다.

▲ 템플릿영상_완성.mp4

tip

모바일 버전 캡컷 사용법

화면 메뉴 구성만 달라질 뿐 기본적인 원리는 동일하기 때문에 이 책을 통해 PC 버전 사용법을 익히면 약간의 학습을 통해 모바일을 이용한 영상 편집도 충분히 처리할 수 있을 것입니다.

1 캡컷 화면 구성

1. 크롬브라우저를 실행하여 캡컷(https://www.capcut.com) 사이트로 이동한 후 [다운로드]를 클릭하여 캡컷을 다운로드 받아 설치합니다.

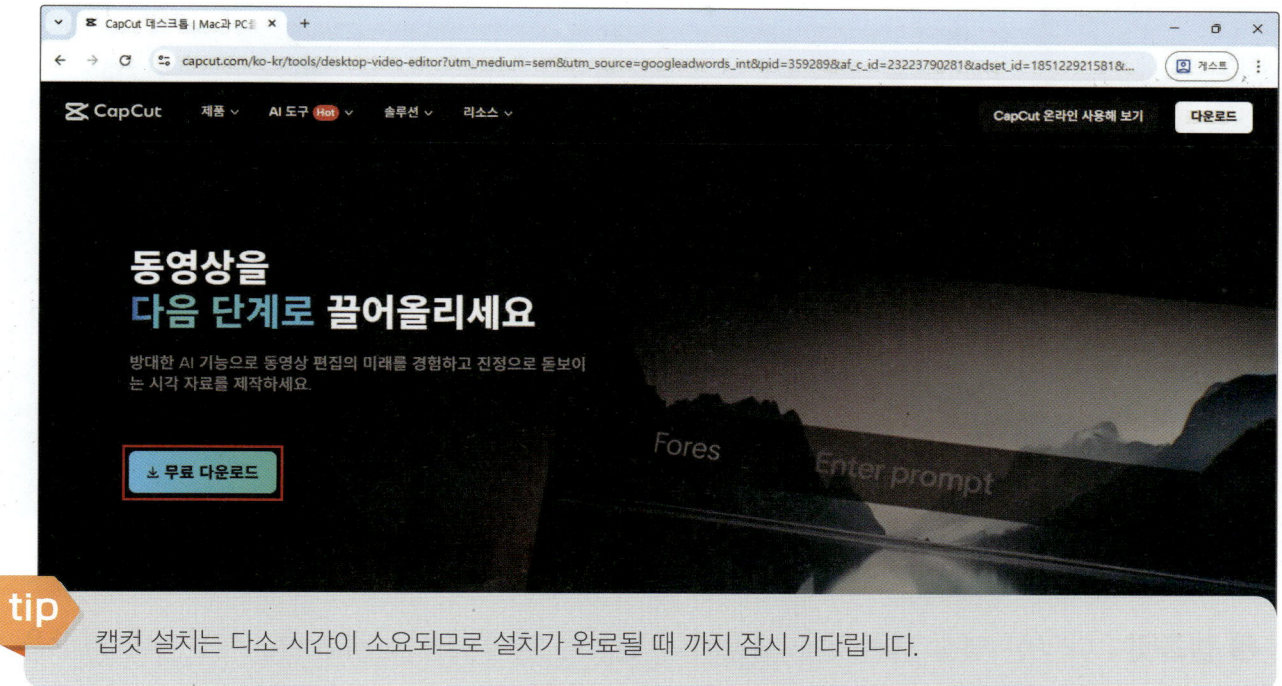

> **tip** 캡컷 설치는 다소 시간이 소요되므로 설치가 완료될 때 까지 잠시 기다립니다.

2. 캡컷을 실행한 다음 캡컷 화면에서 [로그인]을 클릭한 후, [Google로 로그인하기]를 클릭합니다. 회원 가입 절차에 따라 회원 가입을 합니다.

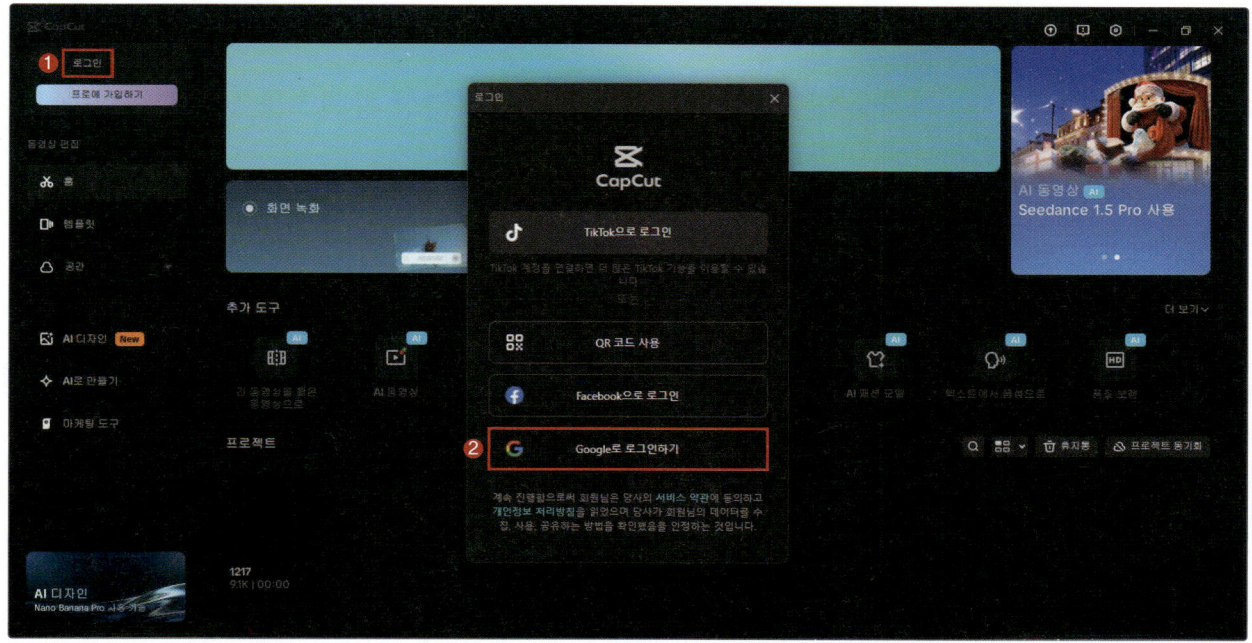

> **tip** 캡컷은 회원가입을 해야 영상을 만들 수 있습니다.

3. 다음과 같이 캡컷 홈 화면이 나타납니다. 영상을 만들기 위해 [프로젝트 만들기]를 클릭합니다.

① **홈 :** 캡컷 시작 화면으로 이동합니다.

② **템플릿 :** 다양한 영상 템플릿을 제공하여 원하는 템플릿을 선택한 후, 사진이나 영상을 삽입하면 빠르게 완성도 있는 영상을 만들 수 있습니다.

③ **공간 :** 캡컷에서 제공하는 클라우드 저장 공간입니다.

④ **AI 디자인 :** 텍스트 입력만으로 유튜브 썸네일, 인스타 게시물, 로고, 사진 편집 등 디자인 작업을 자동으로 생성할 수 있습니다(무료 버전일 경우 횟수 제한이 있습니다).

⑤ **AI로 만들기 :** 사용자가 글만 입력하면 AI가 자동으로 영상 콘텐츠를 생성해줍니다(무료 버전일 경우 횟수 제한이 있습니다).

⑥ **추가 도구 :** 자주 사용하는 도구를 등록할 수 있습니다.

⑦ **프로젝트 만들기 :** 새로운 영상 작업을 할 수 있는 편집 화면이 나타납니다.

⑧ **최근 프로젝트 목록 :** 최근에 작업한 프로젝트가 나열되며, 프로젝트를 클릭하면 편집할 수 있는 편집 화면으로 이동합니다.

⑨ **설정 :** 프로그램 언어, 저장 경로, 자동 업데이트 등 환경 설정을 변경할 수 있습니다.

4. 영상을 제작할 수 있는 편집 화면이 표시됩니다.

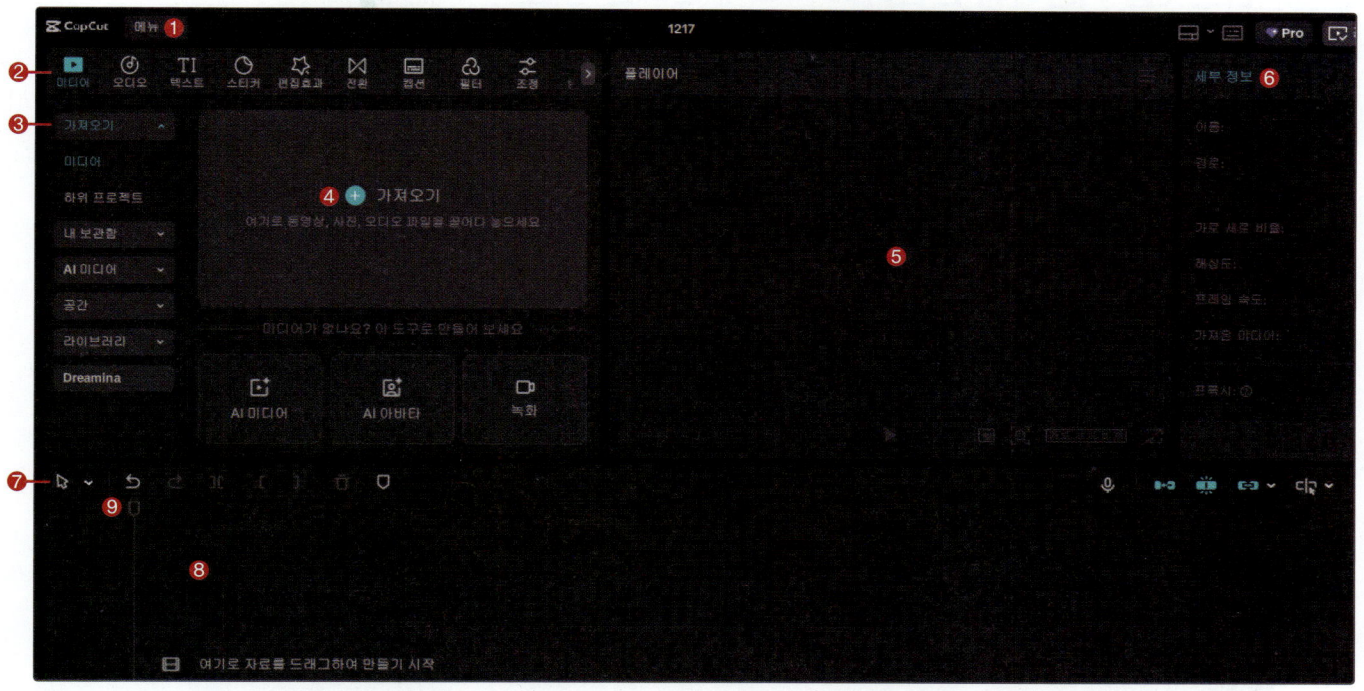

❶ 상단 영역 : 메뉴를 눌러 새 프로젝트 창을 열 수 있으며, 프로젝트 이름을 설정하고 영상 내보내기 등을 할 수 있습니다.

❷ 메뉴 도구 영역 : 편집, 오디오, 텍스트, 오버레이, 효과 등 다양한 편집 도구가 한눈에 보이며, 각 메뉴를 클릭하면 세부 옵션이 나타납니다.

❸ 메뉴 영역 : 선택하면 해당 메뉴의 세부 메뉴가 나타납니다.

❹ 미디어/소스 영역 : 영상에 사용할 사진, 영상, 오디오, 음악, 효과음이 표시됩니다.

❺ 플레이어 영역 : 편집 중인 영상을 바로 확인할 수 있는 미리보기 창과, 전체 화면으로 감상할 수 있는 기능이 제공됩니다.

❻ 세부정보/옵션 영역 : 속도 조절, 자막, 오디오 볼륨, 효과 지속시간 등 세부 편집 옵션 등을 설정할 수 있습니다.

❼ 도구 영역 : 영상과 자막을 편집하기 위한 기능을 모아 놓은 곳으로 자르거나, 되돌리기/다시 실행, 삭제할 수 있습니다.

❽ 타임라인 영역 : 영상, 텍스트, 오디오 등 편집된 내용이 시각적으로 배치되는 핵심 영역으로 클립의 순서, 길이, 위치 등을 자유롭게 조정할 수 있습니다.

❾ 재생 헤드 : 타임라인 위에 있는 세로 선으로, 현재 편집하고 있는 위치를 알려주는 표선입니다. 이 선이 있는 위치에 효과나 자막이 적용됩니다.

1. 영상 편집 화면에서 홈 화면으로 돌아가기 위해 [메뉴]−[홈페이지로 돌아가기]를 클릭합니다.

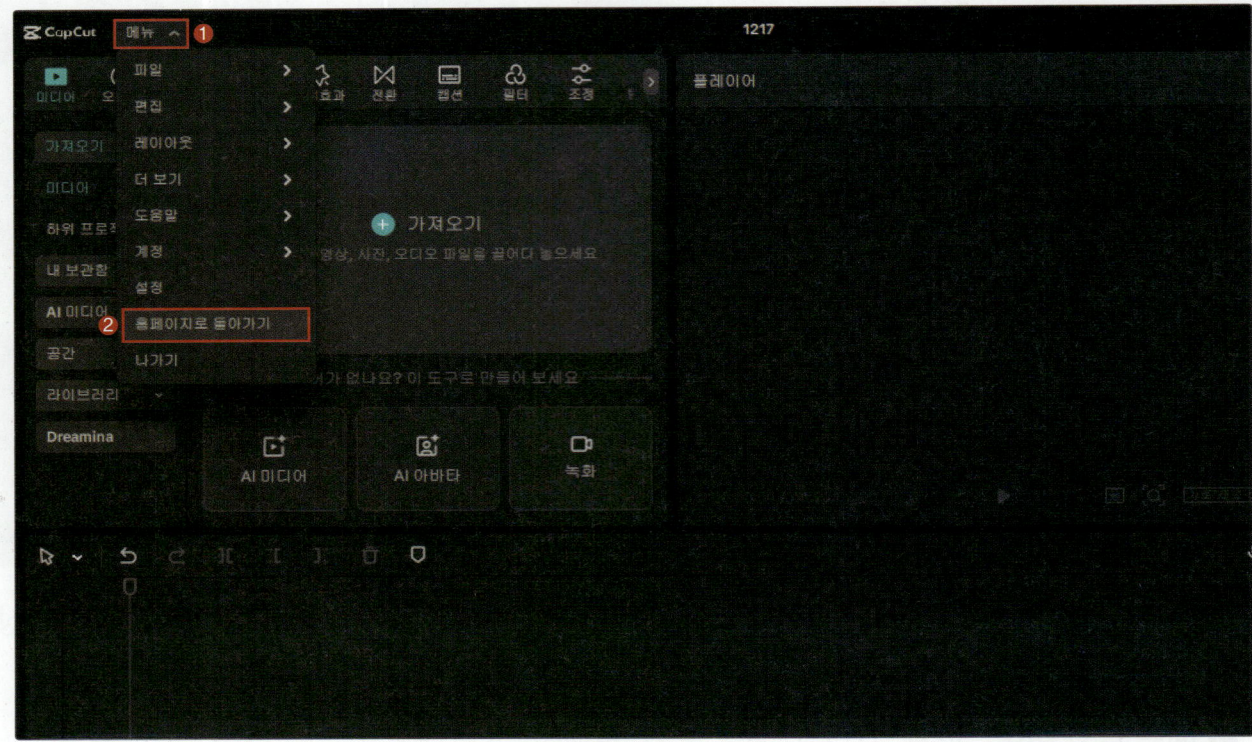

2. 홈 화면에서 [템플릿]을 클릭하면 다양한 템플릿 종류들이 나타납니다. 특정 템플릿에 마우스 포인터를 위치시키면 템플릿의 내용을 미리 볼 수 있습니다.

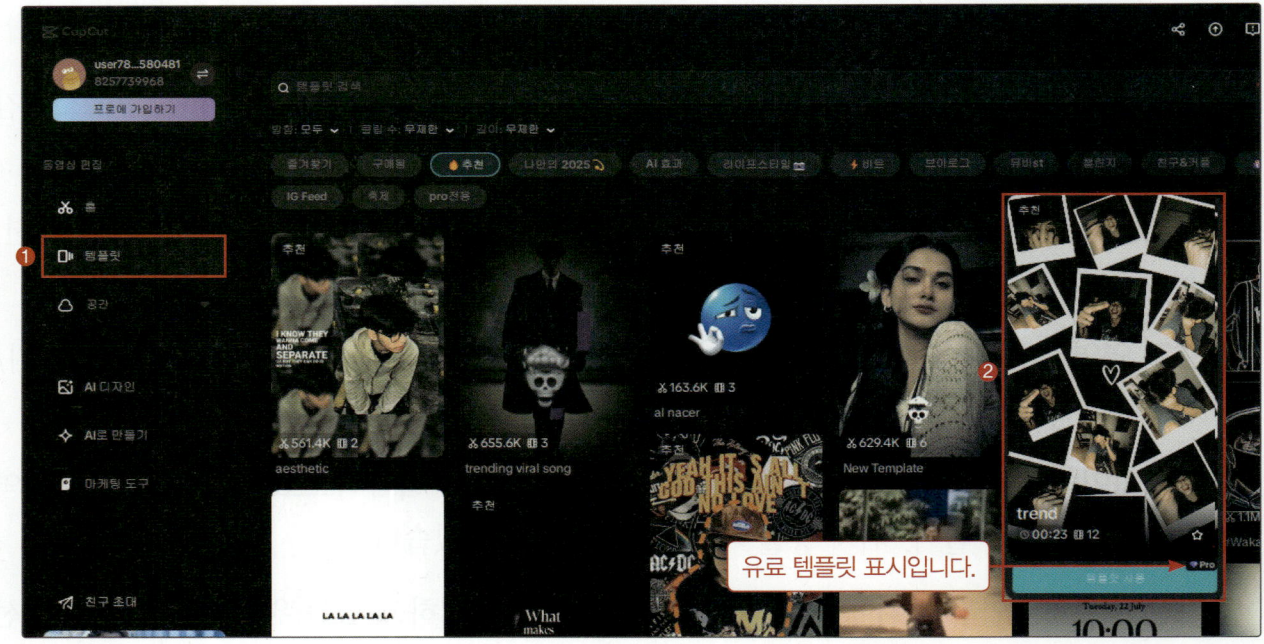

tip 템플릿 오른쪽 아래 'pro'가 표시되어 있으면 유료 템플릿으로, 무료 사용자는 사용할 수 없습니다.

3. 템플릿 화면에서 방향은 '가로 화면', 클립수는 '3-5', 검색어를 '콜라주'로 입력하여 검색합니다. 검색된 템플릿에서 클립수가 5개인 임의의 템플릿을 클릭합니다.

[템플릿 사용]을 선택하면 4번이 나타나지 않고 곧바로 5번으로 넘어갑니다.

tip 템플릿 디자인은 검색한 시점에 따라 디자인이 다르게 표시되므로, 그림과 같은 디자인이 없더라도 임의의 디자인을 선택하면 됩니다.

4. 선택한 템플릿 정보 화면이 나타나면 [템플릿 사용]을 클릭합니다.

5. 편집 화면으로 이동되면 트랙에서 첫 번째 영상 클립을 클릭합니다. [미디어 리소스 선택] 창이 나타나면 다운받은 소스파일의 'Chapter01' 폴더에서 '영상1'을 선택하고 [열기]를 클릭합니다.

6. 같은 방법으로 영상 클립을 모두 교체합니다. 재생 헤드를 영상 클립 맨 앞으로 이동시킨 후 ▶(재생)을 클릭하여 결과를 확인합니다.

7. 프로젝트 이름을 '템플릿영상'으로 입력하고, MP3 파일로 인코딩하기 위해 [내보내기]를 클릭합니다.

tip
인코딩 : 편집이 끝난 영상을 실제로 재생 가능한 하나의 영상 파일로 저장하는 과정

8. [내보내기] 대화상자에서 동영상 저장 경로를 변경하기 위해 📁 아이콘을 클릭합니다. [동영상] 폴더를 선택한 다음 [폴더 선택]을 클릭하고 [내보내기] 합니다.

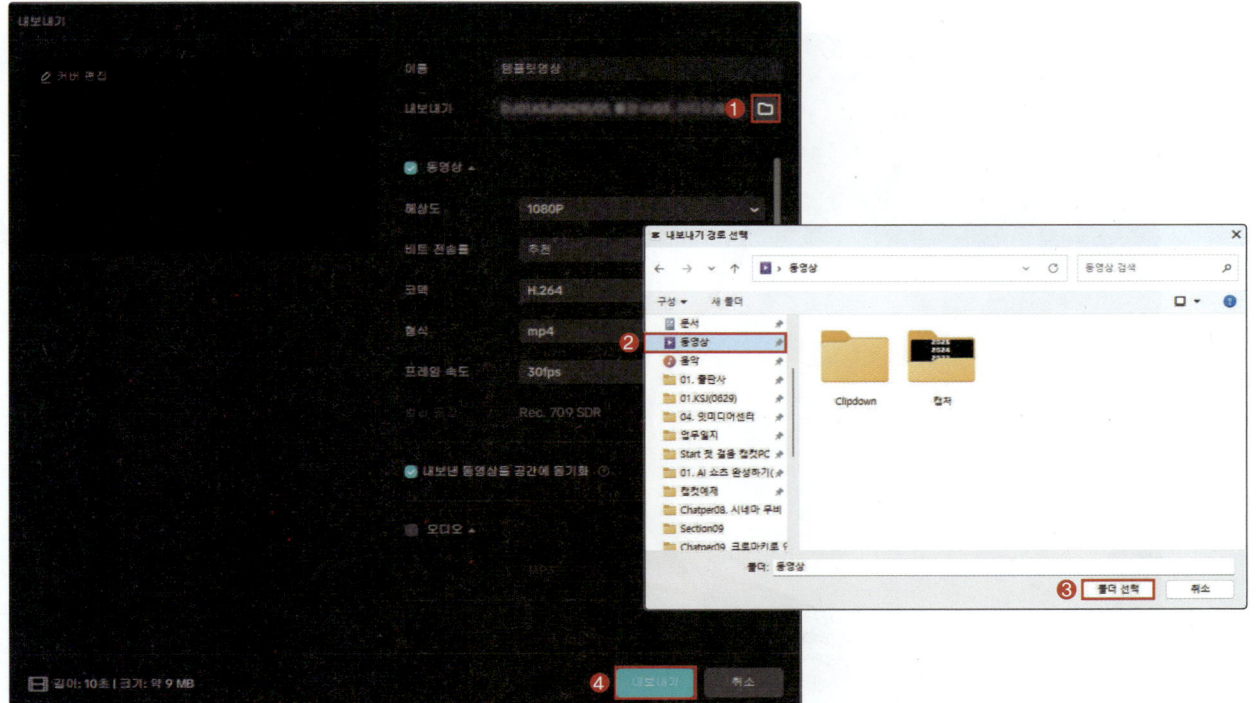

9. 내보내기가 완료되면 [폴더 열기]를 클릭하여 저장된 템플릿 동영상을 확인할 수 있습니다. '템플릿 영상'을 더블클릭합니다.

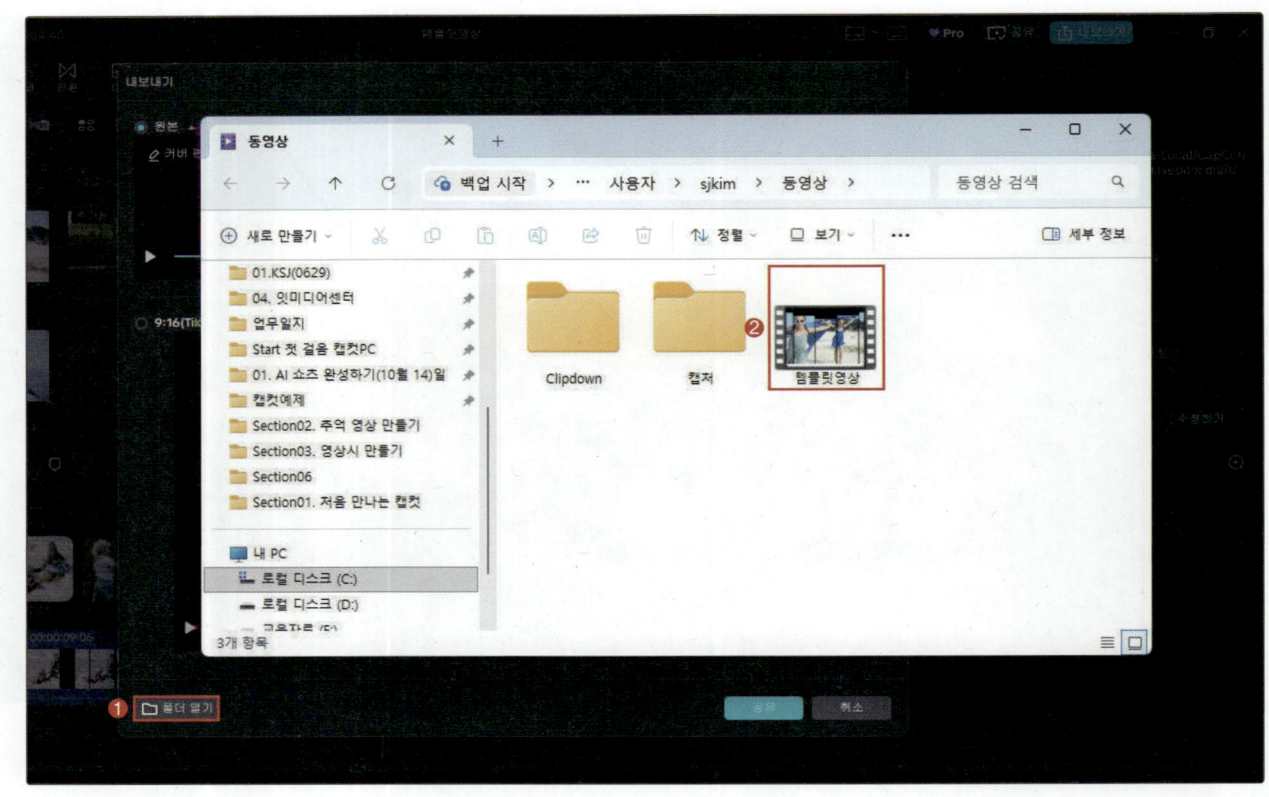

10. 다음과 같이 동영상 재생 프로그램이 실행되면 완성된 결과를 확인할 수 있습니다.

tip

캡컷 구독 서비스

캡컷의 유료 플랜인 CapCut Pro를 결제하면 무료 버전에 비해 고급 편집 기능 · AI 기능 · 프리미엄 리소스를 제한 없이 사용할 수 있으며, 모바일 · PC 모두 동일한 계정으로 연동됩니다(2026년 2월 기준).

구분	무료 버전	유료 버전(CapCut Pro)
기본 영상 편집	가능	가능
워터마크 제거	불가	가능
템플릿 사용	일부 무료 템플릿만 가능	프리미엄 템플릿 전체 이용
전환 효과	제한적	고급 전환 효과 무제한
필터 · 이펙트	기본 제공만 가능	프리미엄 필터 · 이펙트 포함
자막 기능	수동 자막 위주	AI 자동 자막 완전 해제
자막 스타일	기본 스타일만 가능	고급 · 디자인 자막 다수 제공
AI 배경 제거	불가	가능(인물 자동 분리)
AI 음성 기능	제한	TTS · 음성 변조 가능
AI 자동 편집	제한	AI 리프레임 · 자동 편집 지원
색보정(LUT)	미지원	전문 색보정 가능
음원 · 효과음	일부 무료 음원	상업적 이용 가능한 음원 다수
클라우드 저장	제한적	확장된 저장 공간 제공
상업적 영상 제작	제한 있음	상업적 활용 가능

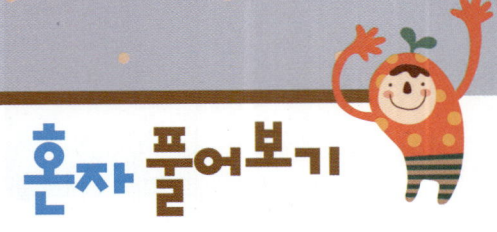

혼자 풀어보기

① 템플릿의 방향과 클립 수를 지정하고 '여행' 템플릿을 검색해보세요.

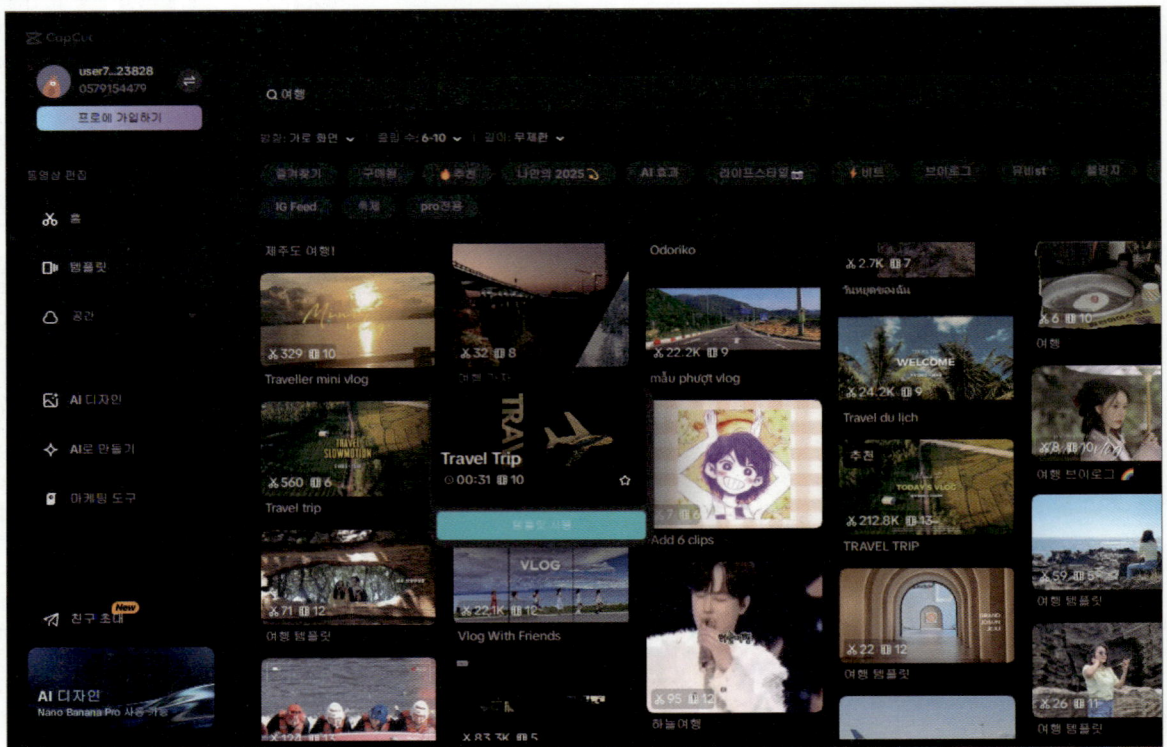

② Travel Trip 템플릿을 선택하여 다음과 같이 이미지를 교체해보세요.

▲ 준비파일 : 풍경1.jpg~풍경10.jpg

 동영상 폴더에 파일명을 '한옥영상'으로 설정하여 내보내기 해보세요.

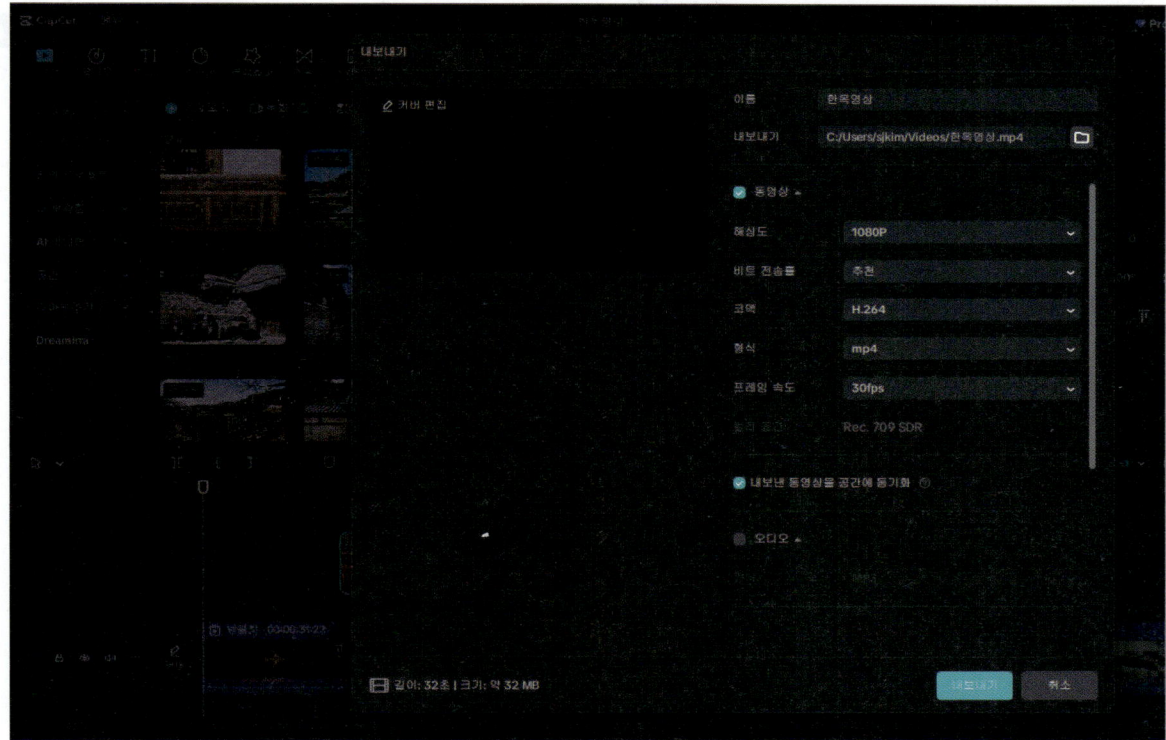

 내보내기한 완성된 파일을 재생시켜 결과를 확인해보세요.

▲ 한옥영상_완성.mp4

SECTION 02

사진만으로 추억이 깃든 영상 만들기

캡컷의 기본 편집 기능을 활용하여 스마트폰이나 컴퓨터에 저장된 사진만으로도 쉽고 간단하게 추억의 영상을 만들 수 있습니다.

▲ 가족여행.mp4

1 사진 추가하기

1. 새로운 프로젝트를 만들기 위해 캡컷 홈 화면에서 [프로젝트 만들기]를 클릭합니다.

2. 전체 이미지 재생 시간을 조정하기 위해 [메뉴]-[설정]을 클릭합니다. 나타난 [설정] 대화상자의 [편집] 탭에서 이미지 기간을 '3.0초'로 변경하고 [저장]을 클릭합니다.

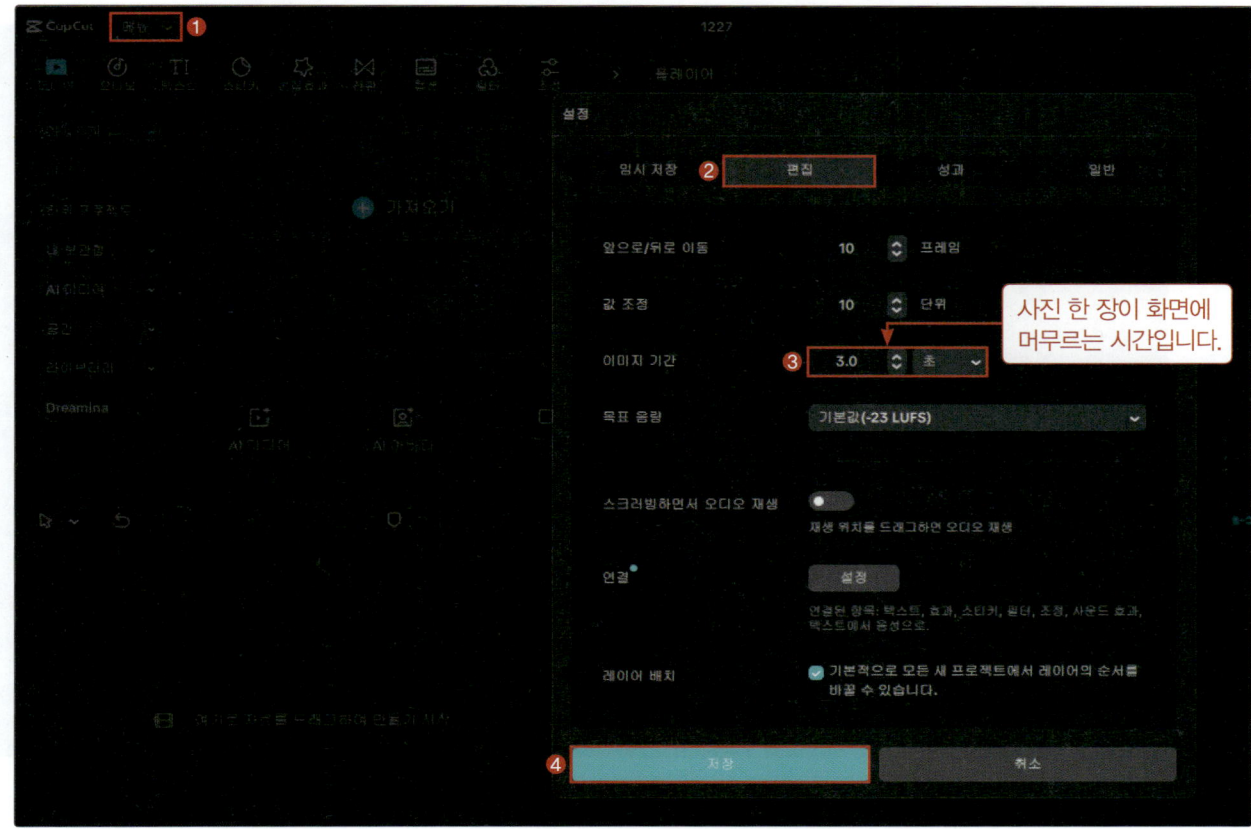

3. [미디어]–[가져오기]를 클릭하여 다운받은 소스 파일의 예제 폴더를 엽니다. [캡컷예제]–[Chapter02] 폴더에서 '여행1'을 선택한 다음, Shift 키를 누른 상태로 '여행7'을 클릭하여 선택한 후 [열기]를 클릭합니다.

'여행1~7'의 7개 이미지가 모두 선택됩니다.

4. 미디어 영역에 추가된 이미지가 모두 선택된 상태에서 [트랙에 추가]를 클릭하면 선택한 모든 이미지가 아래쪽 메인 트랙에 추가됩니다.

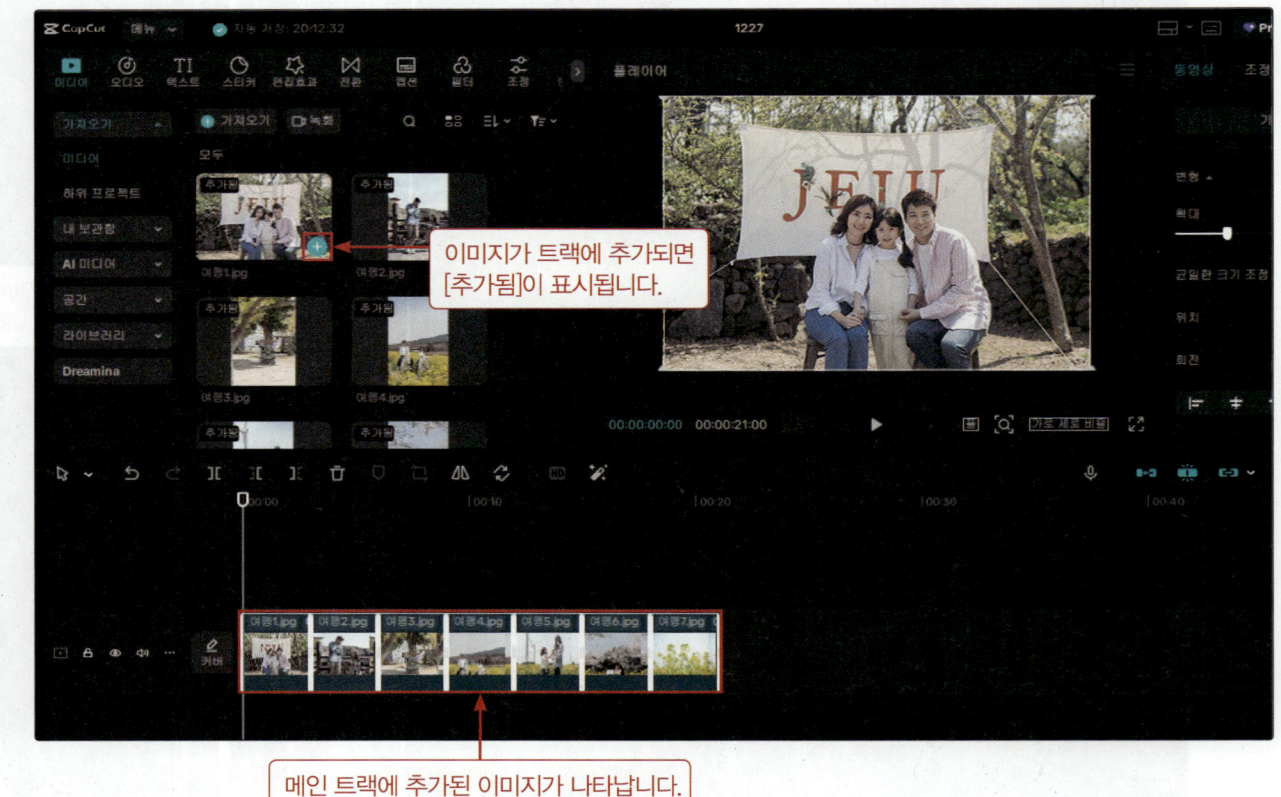

이미지가 트랙에 추가되면 [추가됨]이 표시됩니다.

메인 트랙에 추가된 이미지가 나타납니다.

2 미디어 크기 조절하기

1. 스마트폰에서 꽉 찬 화면으로 볼 수 있도록 만들기로 합니다. 미리보기 영역에서 [가로 세로 비율]-[9:16]을 클릭하여 화면 비율을 설정합니다.

2. 첫 번째 이미지는 가로형 이미지이므로 스마트폰에 맞는 9:16 비율에 맞추기로 합니다. 재생 헤드를 첫 번째 클립 위로 이동한 후 첫 번째 이미지 클립을 선택합니다. [동영상]-[기본] 탭에서 확대 슬라이드를 드래그해 이미지 크기 비율을 조절합니다.

미리보기 화면에서 이미지 조절점을 드래그하여 조절할 수도 있습니다.

재생 헤드를 클립 위로 위치시켜야 미리보기 화면에 이미지가 나타납니다.

3. 인물이 화면 중앙에 오도록 사진의 가운데를 마우스로 드래그해 위치를 조절합니다. 이때 미리보기 화면에 사진 위치를 안내하는 가이드 선이 표시됩니다.

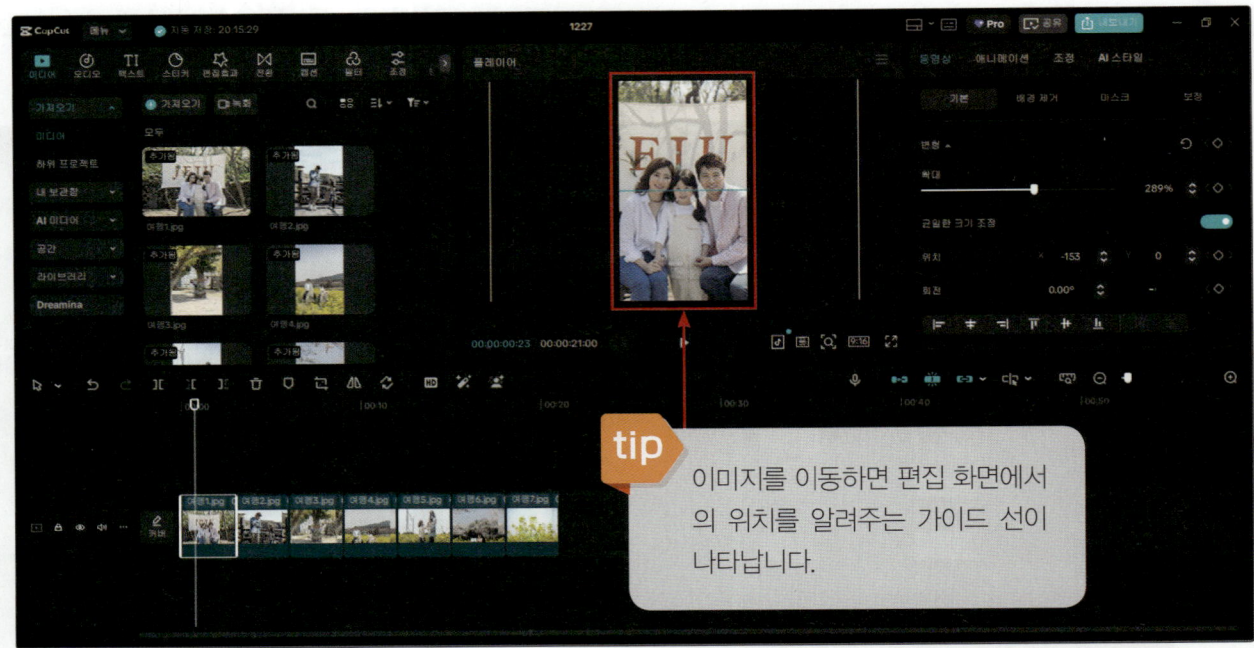

tip 이미지를 이동하면 편집 화면에서의 위치를 알려주는 가이드 선이 나타납니다.

4. 같은 방법으로 나머지 이미지들도 차례대로 가로 화면에 맞게 모두 조절합니다.

재생 헤드를 클립 위에 이동시켜야 해당 이미지가 보입니다.

tip [동영상] – [기본] 탭에서 회전 각도를 조절하여 이미지를 회전시킬 수 있습니다.

1. 영상 맨 뒤에 이미지를 추가해보기로 합니다. End 키를 눌러 재생 헤드를 뒤로 이동시킵니다.

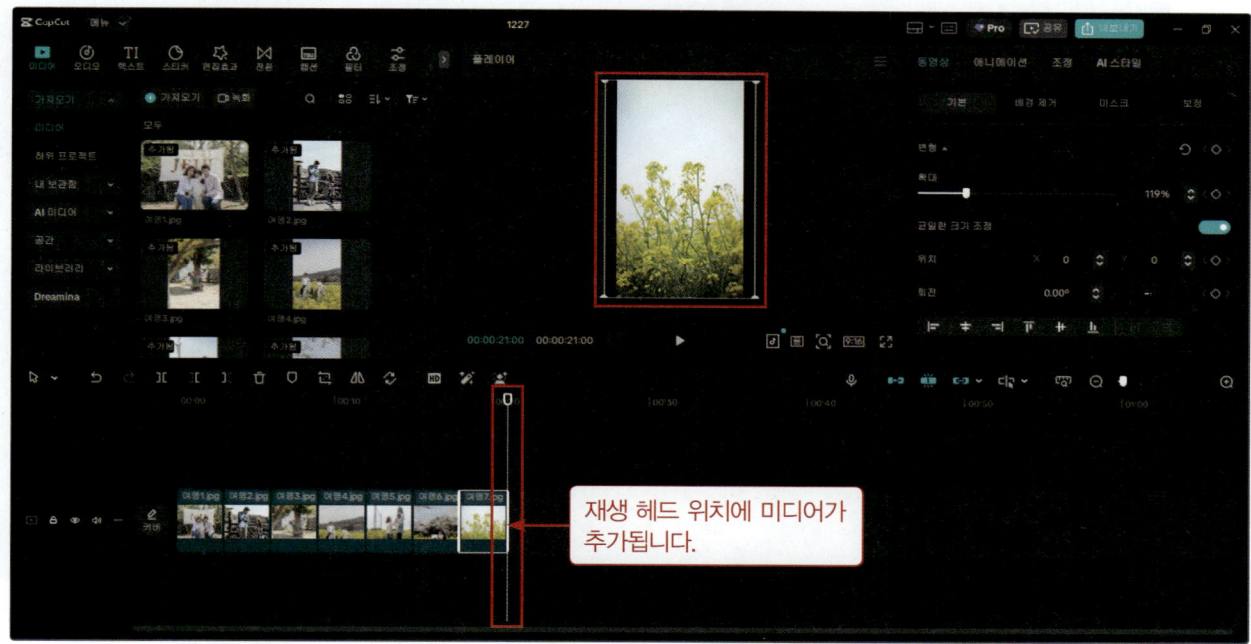

2. [미디어]−[가져오기]를 클릭합니다. 나타난 [미디어 리소스 선택] 대화상자에서 '여행8'을 선택하고 [열기]를 클릭합니다.

3. 추가된 이미지의 ⊕[트랙에 추가]를 클릭합니다. 미리보기 화면에서 이미지 크기를 화면에 맞게 조절합니다.

> [트랙에 추가]를 클릭하면 재생 헤드 위치에 이미지가 추가됩니다.

4. 특정 이미지 시간을 짧게 조절하기 위해 재생 헤드를 '20초' 위치로 이동시킵니다. 이미지 클립을 선택한 다음, 이미지의 오른쪽 경계선을 재생 막대 위치까지 드래그하여 재생 시간을 조절합니다.

> 자동 스냅이 비 활성화 되어 있으면 재생 헤드 위치에 자동으로 맞춰지지 않습니다.

> 재생 헤드를 먼저 원하는 위치로 이동한 뒤 클립의 재생 시간을 조절하면, 재생 헤드 위치에 자동으로 붙는 느낌이 나면서 재생 헤드가 파란색으로 바뀝니다.

tip **자동 스냅 :** 타임라인에서 사진이나 음악을 이동할 때, 기준선에 딱 맞게 붙여주는 '자석' 같은 기능입니다.

4 이미지 삭제 / 이동하기

1. 필요없는 사진을 삭제하고 싶은 경우 삭제할 이미지 클립을 선택한 다음 🗑[삭제] 또는 Delete 키를 누르면 이미지 클립이 삭제됩니다.

tip 단축키 Ctrl + Z 를 누르면 삭제하기 이전 상태로 되돌릴 수 있습니다.

2. 이미지 클립 순서를 바꾸고 싶으면 이동시킬 이미지 클립을 원하는 위치로 드래그합니다.

5 전환 효과 설정하기

1. 사진이 자연스럽게 넘어가는 효과를 설정하기 위해 먼저 Home 키를 눌러 재생 헤드를 타임라인 맨 앞으로 이동시킵니다. [전환]−[오버레이]를 클릭한 후 원하는 효과를 클릭하여 다운로드합니다.

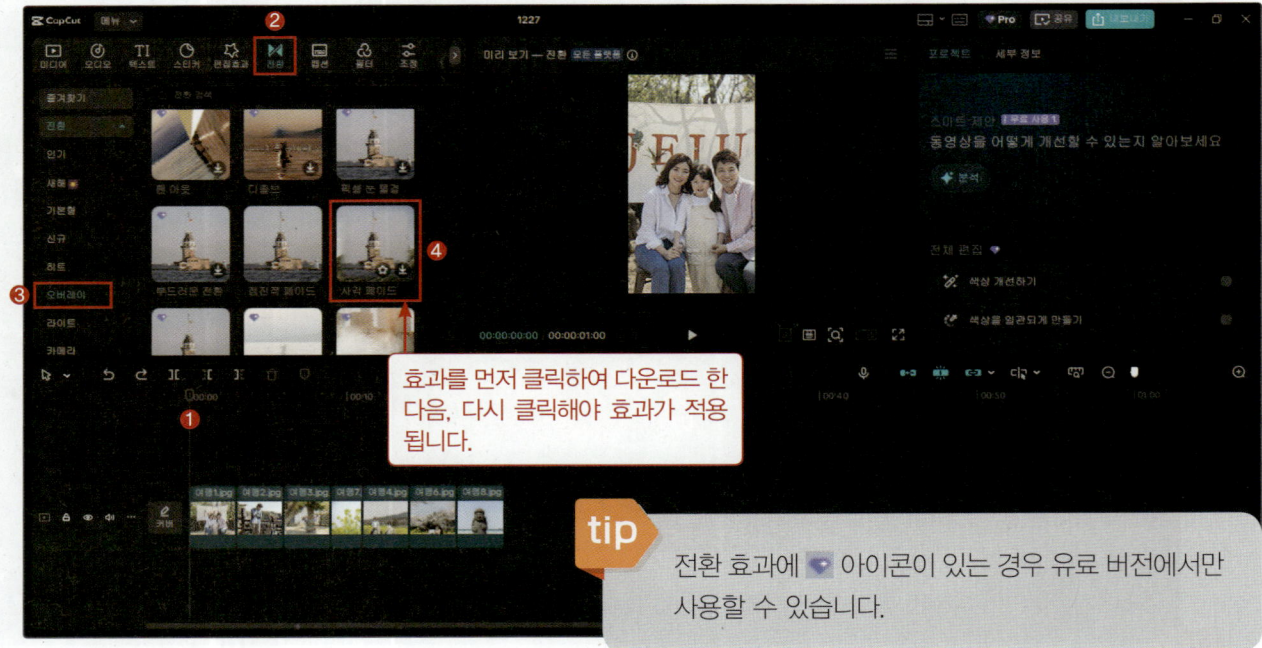

효과를 먼저 클릭하여 다운로드 한 다음, 다시 클릭해야 효과가 적용됩니다.

tip

전환 효과에 💎 아이콘이 있는 경우 유료 버전에서만 사용할 수 있습니다.

2. 다운로드된 효과에 ⊕[트랙에 추가]를 클릭합니다. 삽입한 모든 클립에 동일한 효과를 적용하기 위해 메인 트랙에서 사진 사이의 전환 효과를 클릭합니다.

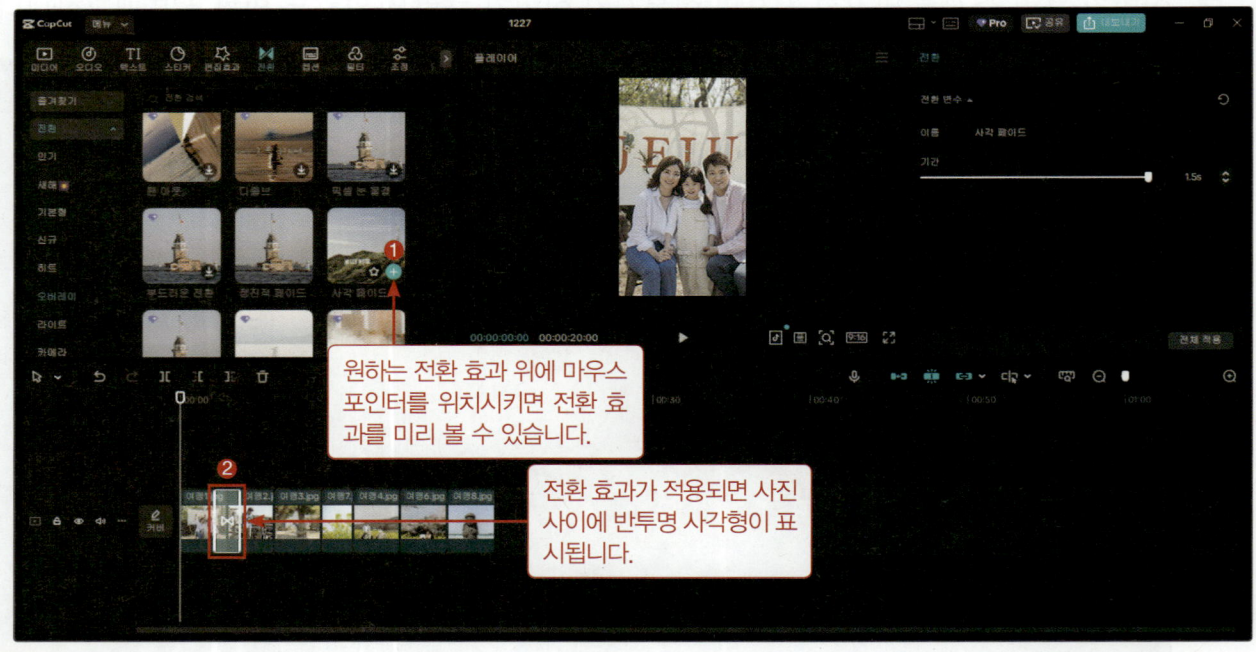

원하는 전환 효과 위에 마우스 포인터를 위치시키면 전환 효과를 미리 볼 수 있습니다.

전환 효과가 적용되면 사진 사이에 반투명 사각형이 표시됩니다.

tip

전환 효과의 종류는 접속한 시점에 따라 화면과 다르게 나올 수 있습니다.

3. [전환]에서 기간을 '1.0s'로 조절한 후 [전체 적용]을 클릭합니다. 모든 사진 클립에 전환 효과
가 적용되면 ▶[재생]을 클릭하여 결과를 확인합니다.

전환 효과를 선택하고 Delete 를
눌러 삭제할 수 있습니다.

tip
Ctrl + + 를 눌러 타임라인을 확대하면 적용된 전환 효과를 크게 볼 수 있습니다.

4. 프로젝트 이름을 '가족여행'으로 수정하고, MP4 동영상 파일로 저장하기 위해 [내보내기]를 클
릭합니다. [내보내기] 대화상자에서 [내보내기]를 클릭합니다.

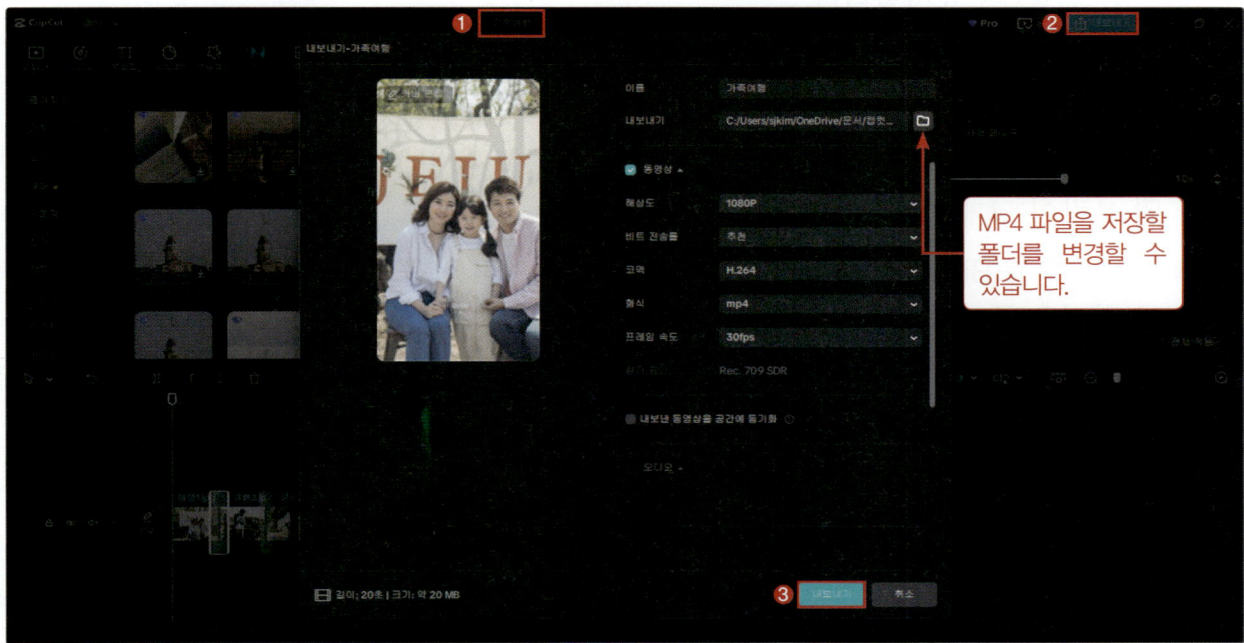

MP4 파일을 저장할
폴더를 변경할 수
있습니다.

tip
이미지를 불러온 폴더에 MP4 파일이 저장됩니다.

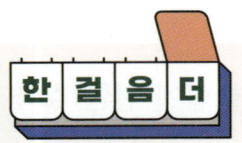

❶ **커버 편집** : 영상의 첫 화면(대표 사진)을 고르는 기능으로, 유튜브나 SNS에 올릴 때 사람들이 처음 보게 될 화면을 설정합니다.

❷ **이름** : 완성된 영상을 MP4 파일로 저장할 이름을 설정합니다. 프로젝트명을 입력한 경우 프로젝트명이 표시됩니다.

❸ **내보내기** : MP4 파일이 저장될 위치를 지정합니다.

❹ **해상도(Resolution)** : 영상의 화면 크기와 선명도를 결정하는 설정으로, 화면이 또렷하게 보이게 하고 싶을 때 설정합니다. 해상도를 높이면 화면이 더 크고, 선명해지지만 파일 용량이 크게 증가합니다.

❺ **비트 전송률(Bitrate)** : 영상 1초당 처리되는 데이터 양을 정하는 항목으로, 숫자가 높을수록 화질은 좋아지나 파일의 용량이 커집니다.

❻ **코덱(Codec)** : 영상을 어떻게 압축해서 저장할지 정하는 방식으로, 기본 설정 그대로 사용하면 됩니다.

❼ **형식(Format)** : 영상이 저장될 파일의 종류를 설정하는 것으로, 컴퓨터나 휴대폰에서 영상을 볼 수 있게 합니다.

❽ **프레임 속도** : 영상이 얼마나 부드럽게 움직이는지를 정하는 설정으로, 숫자가 높을수록 움직임이 자연스러워 보입니다.

❾ **내보내기** : 현재 선택한 모든 설정을 적용하여 영상을 실제 파일로 저장합니다.

◉ 타임라인 알아보기

❶ **메인 트랙 마크넷 끄기** : 메인 트랙에서 클립을 이동할 때 자동으로 서로 붙는 기능(자석 효과)을 켜거나 끕니다. 클립과 클립 사이의 간격을 둘 때 사용합니다.

❷ **자동 스냅 끄기** : 클립을 이동할 때 재생 헤드나 다른 클립의 시작 · 끝 위치에 자동으로 딱 맞춰 붙여주는 기능입니다.

❸ **연결 끄기** : 영상 클립과 연결된 오디오(음성/BGM)를 분리합니다.

❹ **미리보기 축 켜기** : 재생 화면(미리보기)에 기준선을 표시하여, 화면 중앙 · 대칭 확인을 할 수 있습니다.

❺ **타임라인에 맞기 크기 조절** : 타임라인 전체 길이에 맞게 확대/축소 비율을 자동 조절합니다.

❻ **확대/축소** : 타임라인을 확대 또는 축소할 수 있습니다.

◉ 재생 헤드 이동하기

• 재생 헤드는 영상이 편집 · 재생되는 위치를 알려주는 선입니다. 타임라인 상단에서 이동할 프레임을 클릭하면 원하는 프레임으로 바로 이동합니다.

프레임 눈금 선을 클릭하면 해당 시간대로 이동됩니다.

• 방향키(←, →) 눌러 한 프레임씩 왼쪽 또는 오른쪽으로 이동할 수 있습니다.

• 영상 맨 앞으로 이동하려면 Home 키, 맨 뒤로 이동하려면 End 를 누릅니다.

혼자 풀어보기

1 다음과 같이 아기 사진의 재생 시간을 3.5초로 설정하여 메인 트랙에 삽입해보세요.

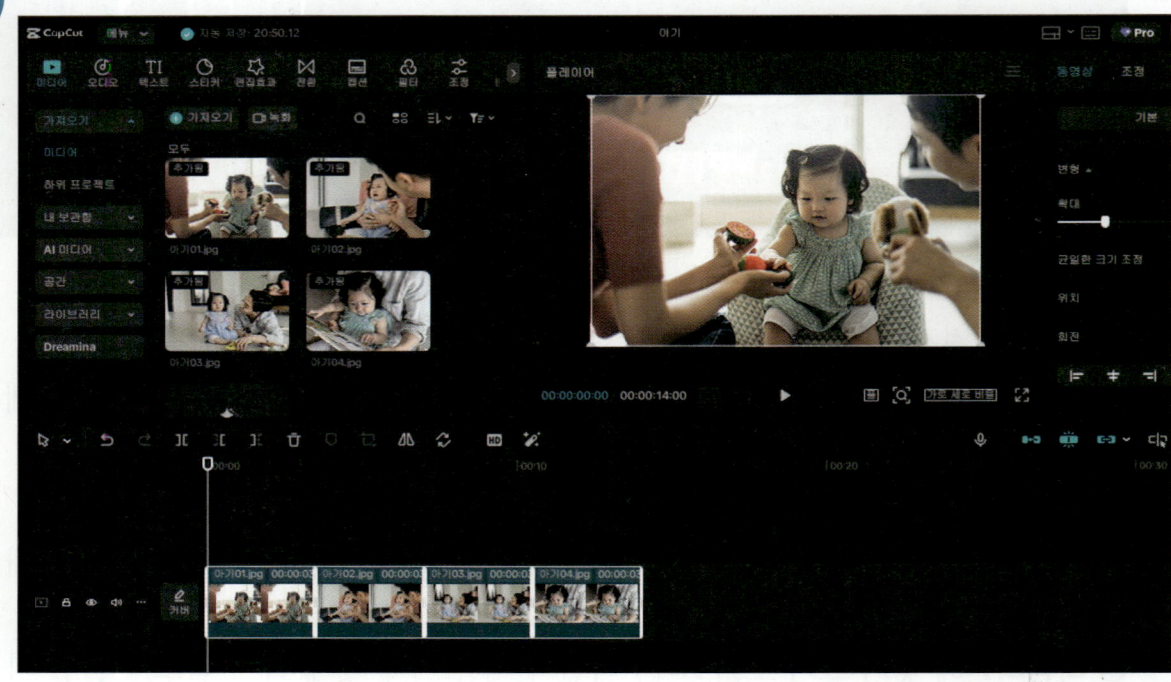

2 화면 비율 16:9에 맞게 이미지 크기를 맞추고, 첫 번째 이미지 클립의 길이를 2초로 수정해보세요.

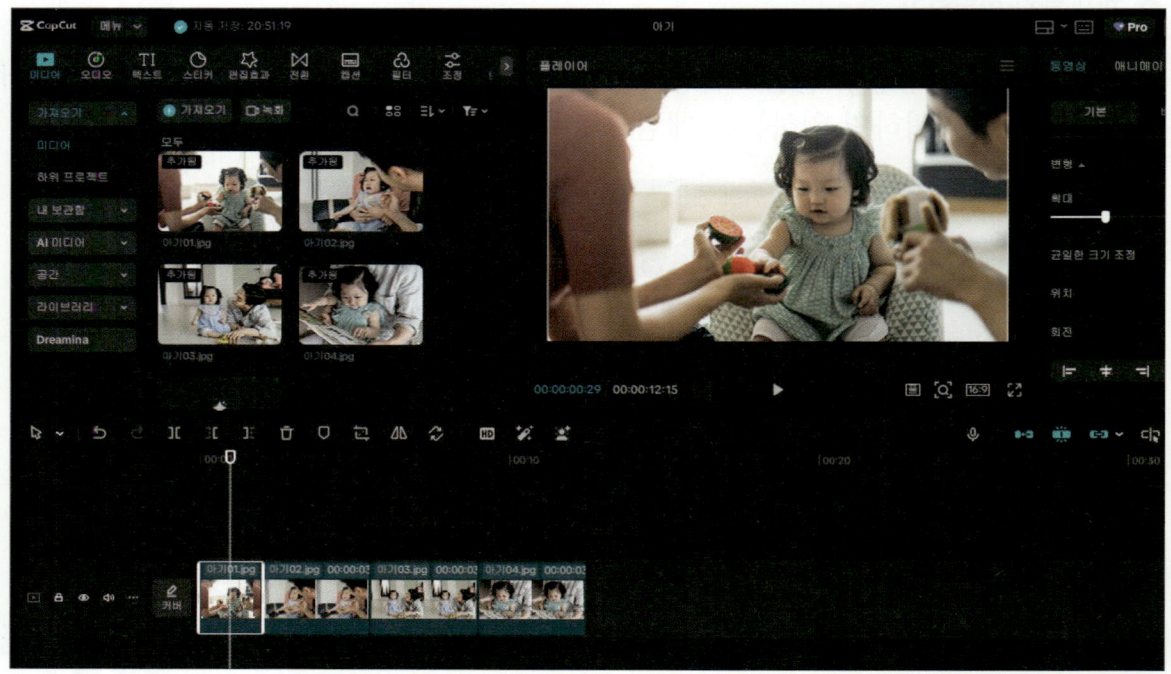

③ 아기5 이미지를 불러와서 다음과 같이 원하는 위치에 추가해보세요.

④ [전환]-[하트]를 클릭하여 원하는 전환 효과를 이미지 클립 전체에 적용하여 [내보내기] 해보세요.

▲ 준비파일 : 아기1.jpg~아기5.jpg
▲ 완성파일 : 아기_완성.mp4

SECTION 03
음악이 흐르는 영상 시 만들기

텍스트와 스티커를 활용하여 영상에 이야기를 담고, 배경 음악을 더해 감정을 표현함으로써 차분하고, 완성도 있는 한 편의 음악이 흐르는 영상 시를 만들 수 있습니다.

▲ 영상시_완성.mp4

① 텍스트 입력하기

1. 영상의 배경으로 사용할 파일을 불러오기 위해 [미디어]–[가져오기]를 클릭합니다. [캡컷예제]–[Chapter03] 폴더에서 '바다' 영상을 선택한 후 [열기]를 클릭합니다.

2. 바다 영상의 ⊕[트랙에 추가]를 클릭합니다. 영상 재생 속도를 조절하기 위해 [속도]–[표준] 탭에서 기간을 '10s'로 설정합니다.

> 오디오 음조 변경을 활성화 하면 영상 속도에 맞게 음 성이 변조됩니다.

tip 기간으로 영상의 재생 시간을 조절하면 영상 빠르기가 자동으로 조절됩니다.

3. 시를 입력하기 위해 [텍스트]-[텍스트 추가]-[기본 텍스트]의 ➕[트랙에 추가]를 클릭합니다. 텍스트가 영상 끝날 때까지 보이도록 텍스트 클립의 재생 길이를 영상 길이 만큼 늘려줍니다.

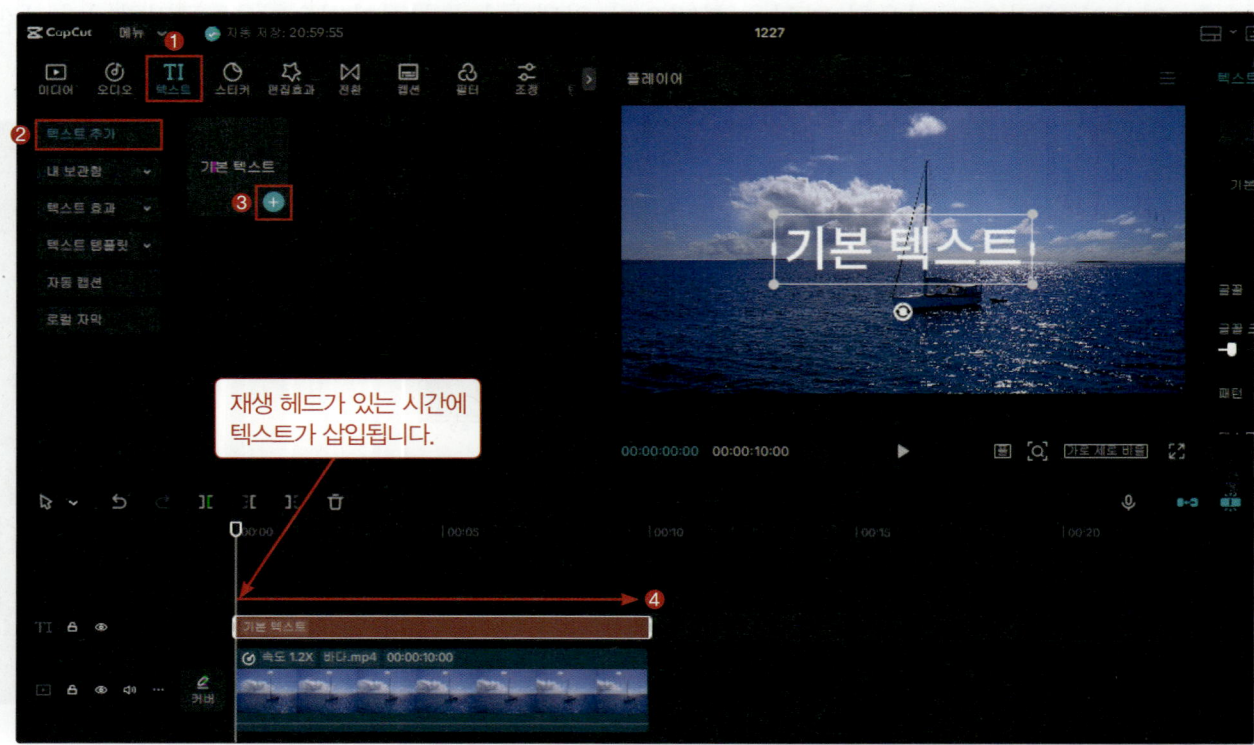

4. [텍스트]-[기본] 탭에 내용을 3줄에 걸쳐 입력하고, 시의 분위기를 살리기 위해 글꼴은 '코드라 볼드체', 크기는 '12'로 설정합니다.

5. 텍스트가 잘 보이도록 배경을 설정하기 위해 [기본] 탭의 이동 막대를 아래로 드래그한 후 [배경] 항목에 체크 표시를 합니다. 사각형 모양 배경을 선택하고, 불투명도를 '20%'로 조절해서 뒤쪽 배경이 은은하게 비치도록 합니다.

6. 이번에는 텍스트를 선명하게 하기 위해 [기본] 탭의 이동 막대를 아래로 더 드래그하여 [그림자] 항목에 체크 표시를 합니다. 그림자가 자연스럽게 퍼지도록 흐림은 '15%', 글자와의 거리는 '10'으로 맞춥니다.

7. 글자가 서서히 나타나는 애니메이션을 설정하기 위해 [애니메이션]–[인]을 클릭합니다. 마음에 드는 효과를 선택한 후 다시 한번 클릭한 다음, 길이를 '5s'로 설정합니다.

tip 애니메이션 길이로 애니메이션의 속도를 빠르게 하거나 느리게 조절할 수 있습니다.

▶ **애니메이션**

애니메이션은 텍스트, 스티커, 이미지 등이 어떻게 나타나게 하고, 머물게 하고, 사라지게 하는지 설정하는 효과입니다.

- **인** : 텍스트나 스티거 등이 안 보이다가 서서히 나타납니다.
- **아웃** : 화면에 보이던 텍스트나 스티거 등이 서서히 사라집니다.
- **반복** : 화면에 있는 동안 계속 반복되는 움직임입니다.

2 스티커와 효과음 삽입하기

1. 재생 헤드를 타임라인 맨 앞에 위치시키고, [스티커]를 클릭하여 검색란에 "sun"를 입력합니다. 검색 결과 중에서 마음에 드는 스티커를 클릭하여 추가합니다.

tip 스티커에 ⬇ 아이콘이 있는 경우, 스티커를 먼저 클릭하여 다운로드 받은 다음 추가할 수 있습니다.

2. 플레이 영역에서 스티커의 크기를 조절하여 다음과 같이 배치합니다. 갈매기 스티커도 검색하여 추가한 다음, 스티커 재생 시간을 영상이 끝나는 시간에 맞게 조절합니다.

한글로 스티커가 검색이 안되면 영어로 'seagull'을 입력하세요.

3. 파도 소리를 추가하기 위해 [오디오]−[사운드 효과]를 클릭합니다. 검색란에 "파도"를 입력하여 검색된 목록에서 원하는 파도 효과를 선택한 다음, ⊕[트랙에 추가]를 클릭합니다.

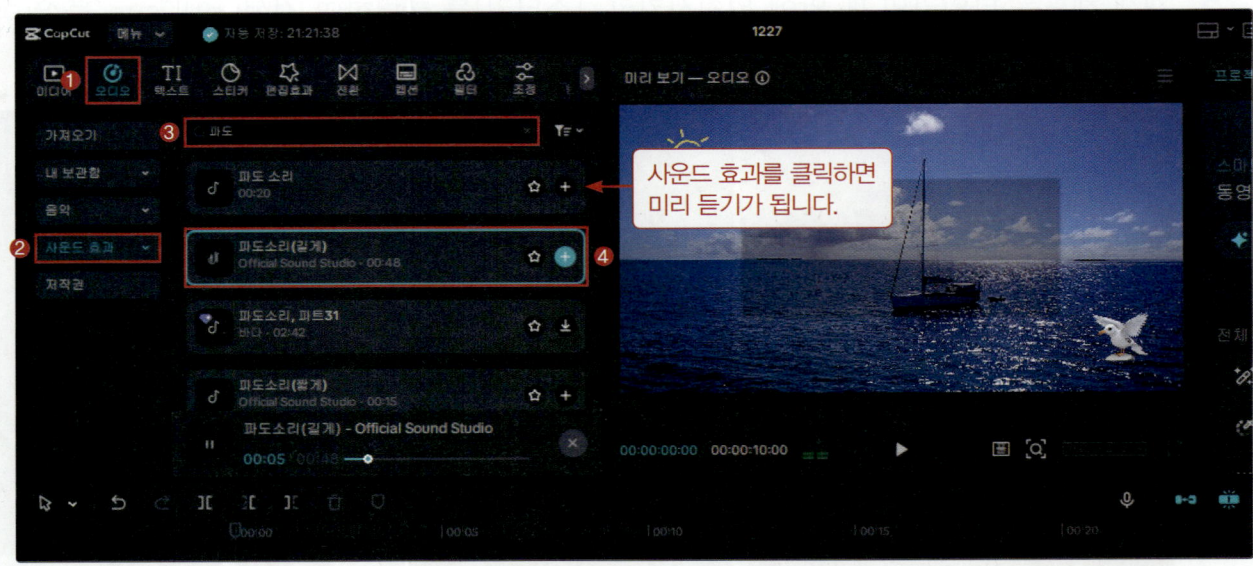

4. 영상 길이에 맞춰 소리가 끝나게 하기 위해 재생 헤드를 영상의 끝으로 이동시킵니다. 사운드 트랙을 선택한 다음,][[오른쪽 삭제]를 클릭합니다.

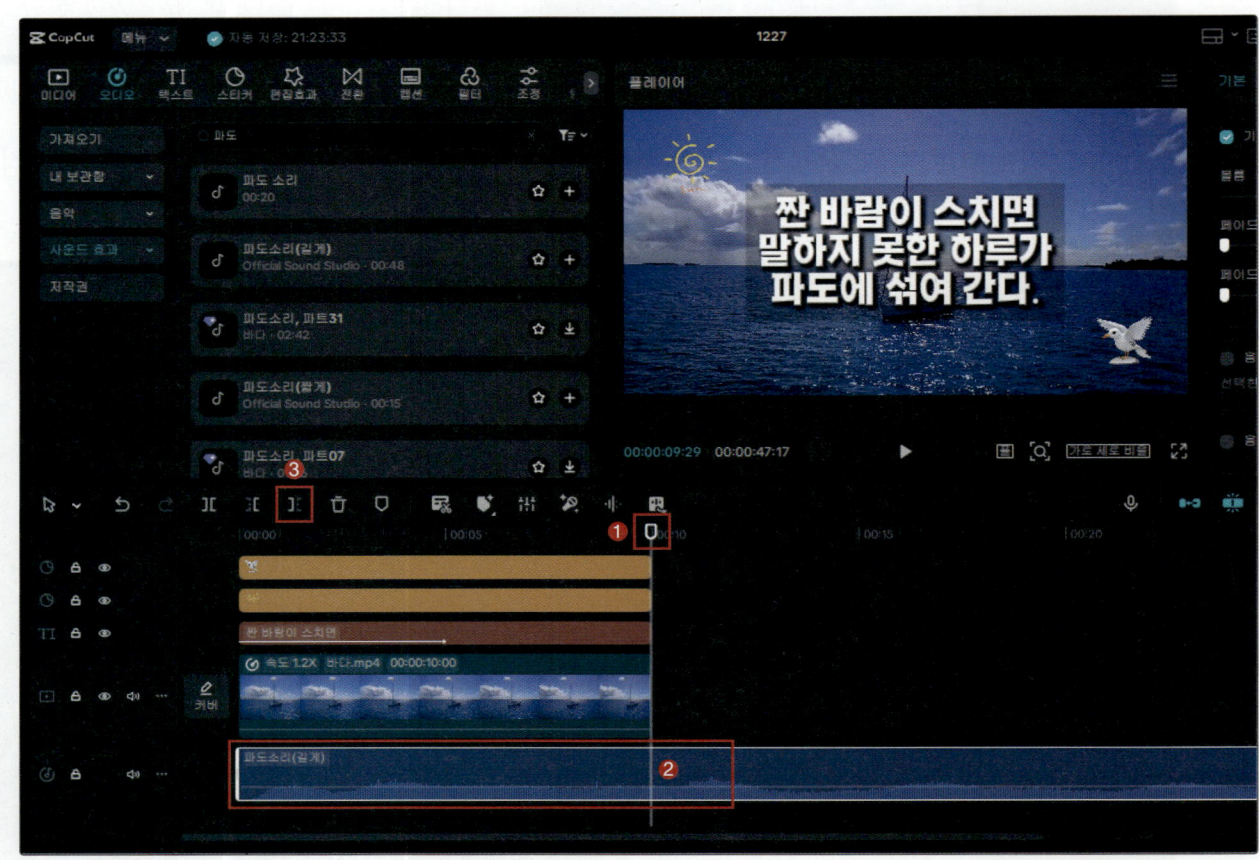

tip

오른쪽 삭제 : 재생 헤드 기준으로 오디오나 비디오 오른쪽을 삭제합니다.

5. 재생 헤드를 영상 맨 앞으로 이동시킨 다음, ▶ [재생]을 눌러 결과를 확인합니다. 프로젝트명을 '영상시'로 수정하고 [내보내기]를 합니다.

tip

][(분할) : 재생 헤드 기준으로 영상, 오디오가 두 개로 분할됩니다.
][(왼쪽 삭제) : 재생 헤드 기준으로 영상, 오디오의 왼쪽이 삭제됩니다.
][(오른쪽 삭제) : 재생 헤드 기준으로 영상, 오디오의 오른쪽이 삭제됩니다.

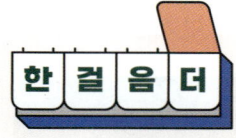

한걸음더

▶ **왼쪽 방향으로 선택 / 오른쪽 방향으로 선택**

타임라인에 ▷ ▾ [선택]을 클릭하면 선택한 클립 또는 재생 헤드 기준으로 왼쪽 방향 또는 오른쪽 방향의 모든 트랙을 선택할 수 있습니다.

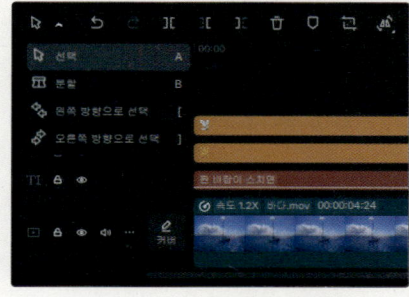 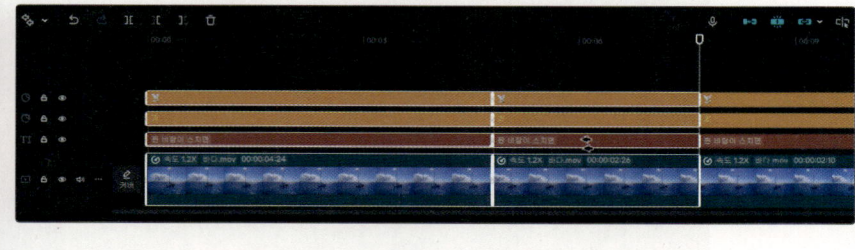

혼자 풀어보기

① 커피 영상과 텍스트를 이용하여 다음과 같이 만들어보세요. 글꼴은 '카페24 단정해', 글꼴 크기는 '15pt', 그림자

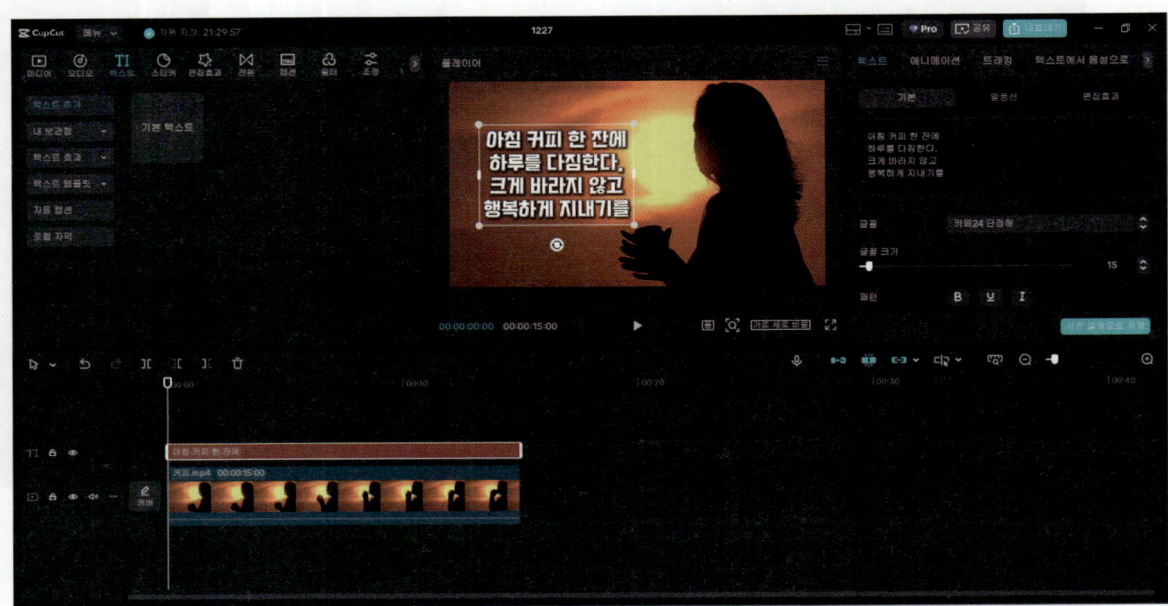

▲ 준비파일 : 커피.mp4

② 텍스트에 원하는 애니메이션 효과를 설정하고 길이를 '5s'로 설정해보세요.

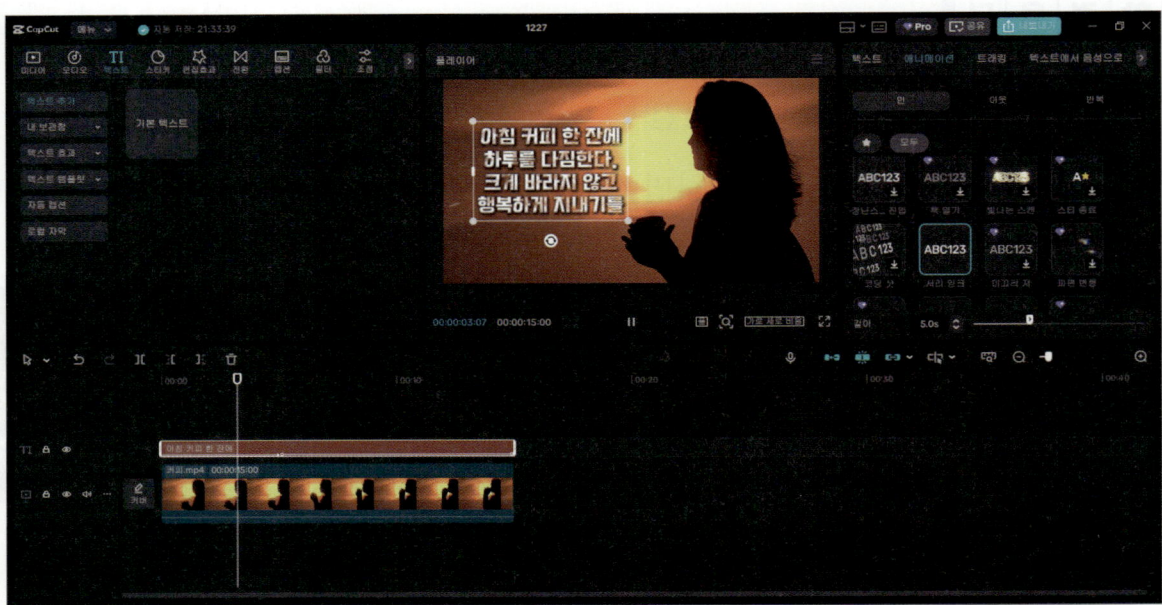

③ 커피 영상 뒤에 다음과 같이 폭포 영상과 텍스트를 추가하고, 글꼴은 '해바라기', 크기는 '13'으로 설정해보세요.

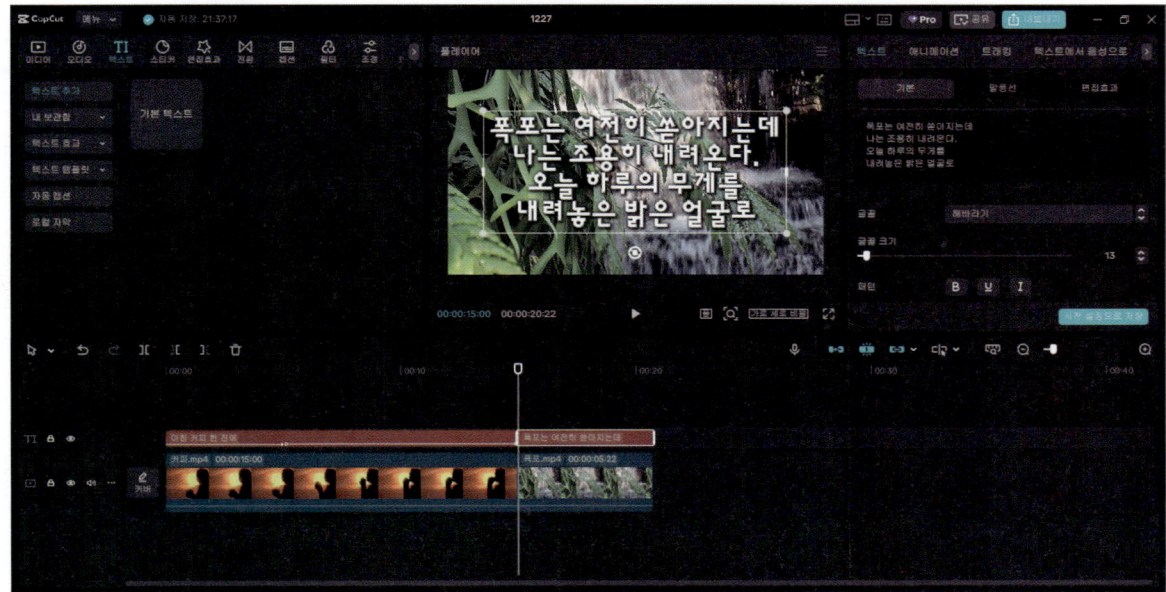

▲ 준비파일 : 폭포.mp4

④ 텍스트에 애니메이션을 적용하고 내보내기 해보세요.

▲ 완성파일 : 좋은시.mp4

SECTION 04

크리스마스 영상 카드 만들기

영상에 눈이 내리는 효과를 주고 글자가 움직이게 만들어, 분위기 있는 크리스마스 카드를 만들어 봅니다. 타자를 치듯 글자를 입력하고, AI 목소리로 읽어주는 기능을 더해 세상에 하나뿐인 영상 편지를 완성할 수 있습니다.

▲ 완성파일 : 크리스마스카드_완성

① 애니메이션 설정하기

1. [미디어]-[가져오기]를 클릭합니다. [캡컷예제]-[Chapter04] 폴더에서 다음과 같이 '나레이션' 오디오와 '산타' 영상 파일을 선택하고 [열기]를 클릭합니다.

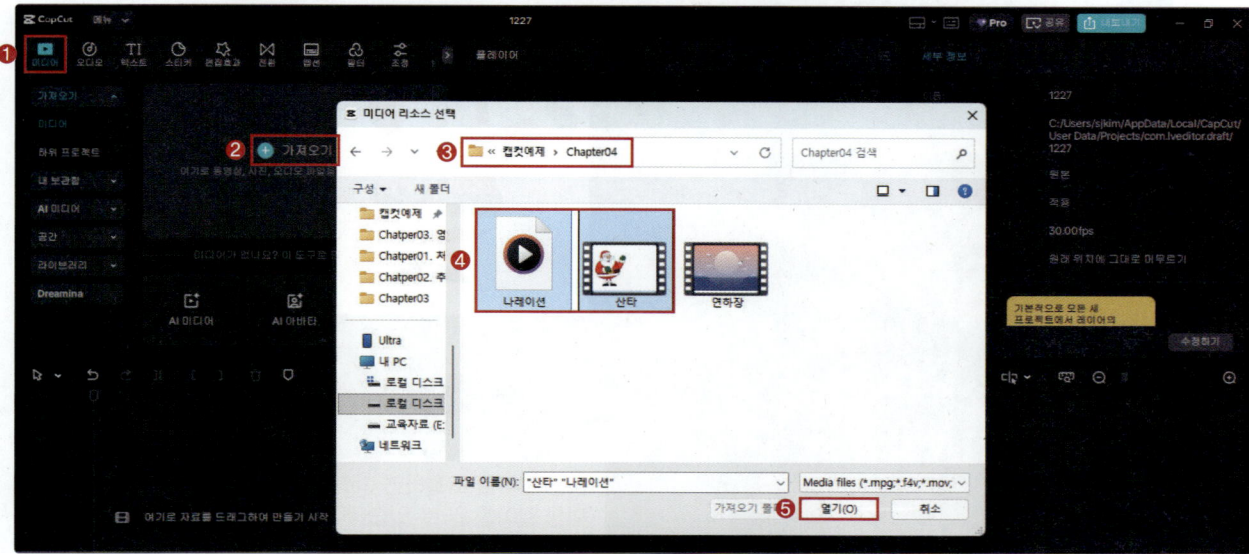

2. '산타' 영상의 ⊕[트랙에 추가]를 클릭하여 메인 트랙에 추가합니다. 재생 헤드를 방향키(→)를 눌러 0.20초에 위치시킵니다.

> **tip** 타임 라인에서 방향키(←, →)를 누르면 재생 헤드가 0.1초씩 미세하게 이동해 정확한 위치를 잡을 수 있습니다.

3. 텍스트를 추가하기 위해 [텍스트]–[기본 텍스트]의 [트랙에 추가]를 클릭합니다. 텍스트가 화면에 머무는 시간을 조절하기 위해 재생 헤드를 드래그하여 텍스트 클립 재생 길이를 2.25초에 맞게 조절합니다.

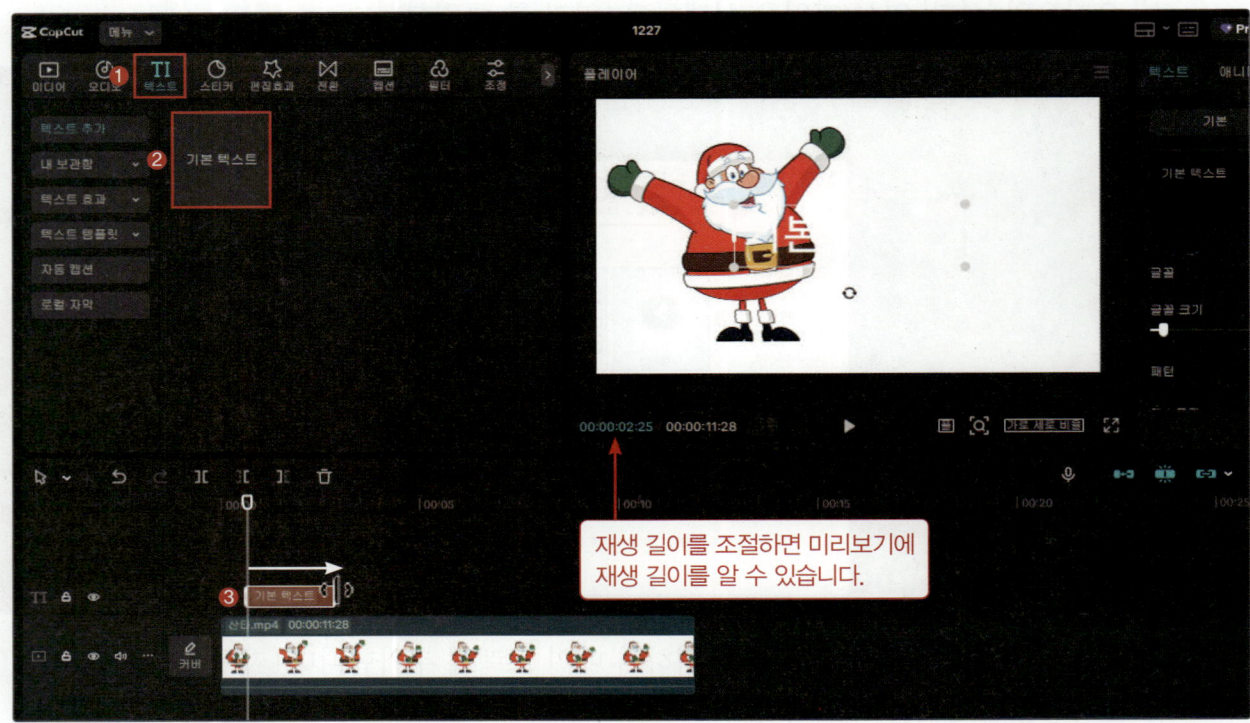

재생 길이를 조절하면 미리보기에 재생 길이를 알 수 있습니다.

4. [텍스트]–[기본] 탭에서 "MERRY CHRISTMAS"를 입력하고, 원하는 글꼴과 크기로 서식을 설정합니다.

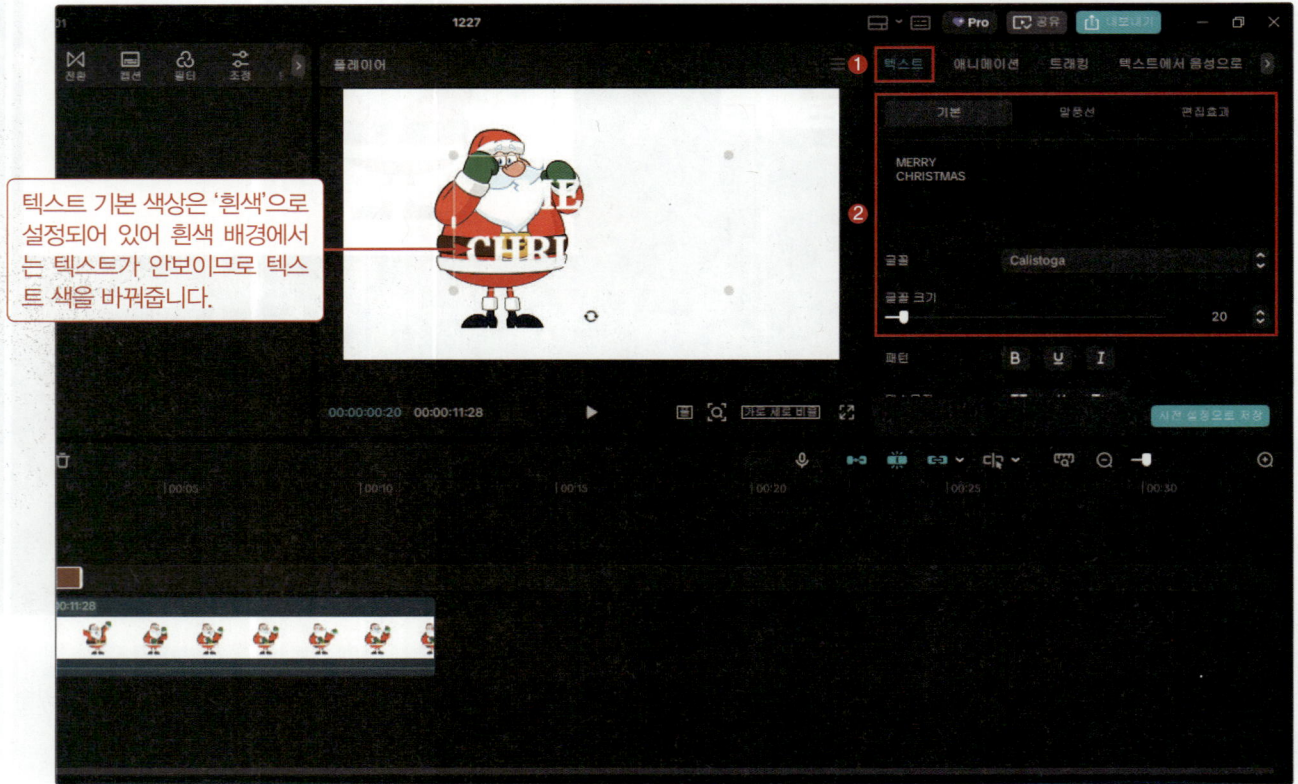

텍스트 기본 색상은 '흰색'으로 설정되어 있어 흰색 배경에서는 텍스트가 안보이므로 텍스트 색을 바꿔줍니다.

5. [기본] 탭의 이동 막대를 아래로 이동하여 색상은 '검정', 줄간격은 '−5'로 설정하고, 미리 보기 화면에서 텍스트를 다음과 같이 배치합니다.

뒤에서 오디오 자르기 실습을 하기 위해 텍스트를 2줄로 입력하였습니다.

6. 텍스트를 더 예쁘게 꾸미기 위해 [텍스트]−[편집 효과] 탭을 클릭합니다. 크리스마스에 어울리는 텍스트 디자인을 선택한 다음, 다시 클릭하여 적용합니다.

7. 텍스트에 애니메이션을 설정하기 위해 [애니메이션]–[인] 탭을 클릭합니다. 마음에 드는 효과를 선택한 다음, 애니메이션 길이는 '1s'로 설정합니다.

8. 같은 방법으로 재생 헤드를 3초에 위치시킨 후 기본 텍스트를 추가합니다. 재생 길이를 영상 끝에 맞추고, [기본] 탭에서 내용을 입력한 후, 글꼴과 크기를 설정합니다.

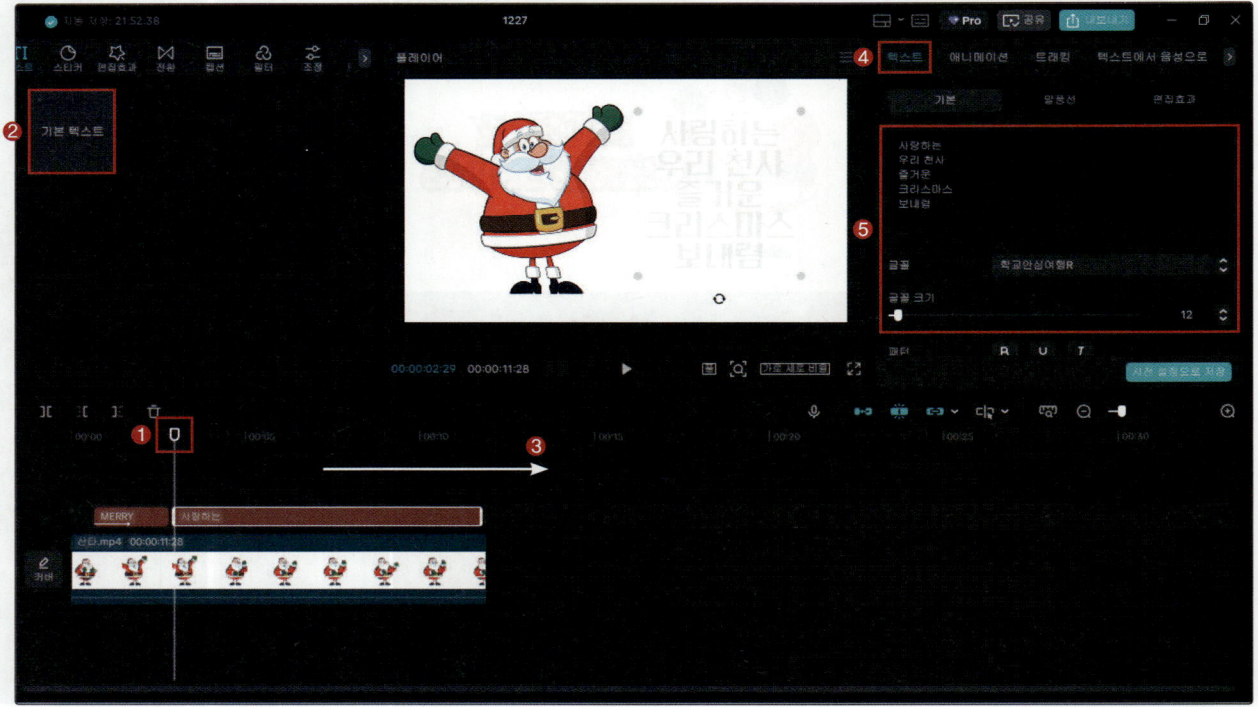

9. [기본] 탭의 이동 막대를 아래로 드래그하여 색상은 '검정', 줄간격은 '2'로 설정하고 텍스트를
화면 오른쪽에 다음과 같이 위치시킵니다.

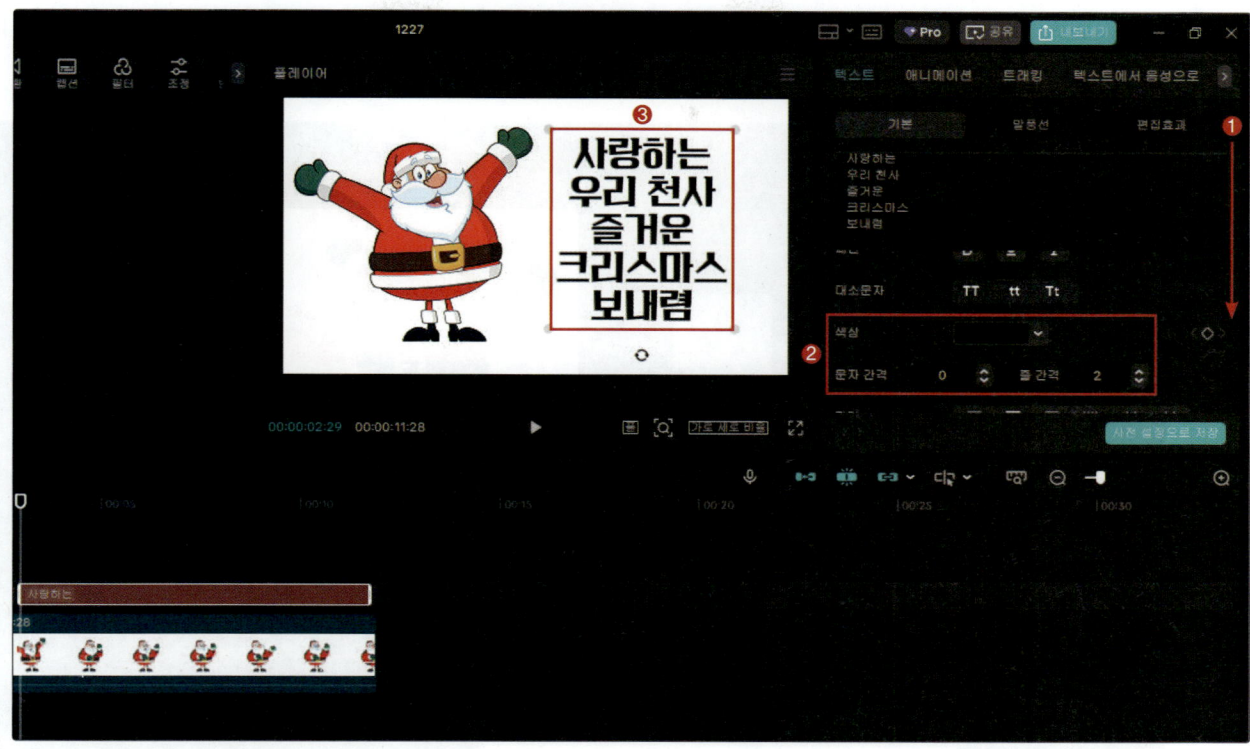

10. 타자기로 치는 듯한 느낌을 주기 위해 [애니메이션]–[인] 탭에서 '타자기'를 선택하고, 길이는
4.5s'로 설정합니다.

② 텍스트 편집 효과 설정하기

1. 영상 전체에 눈 내리는 분위기를 연출하기 위해 재생 헤드를 다음과 같이 1초에 위치시킵니다. [편집 효과]-[동영상 효과]에서 'snow'를 입력하여 검색합니다.

2. 검색 결과에서 '슈가 눈송이'를 클릭하여 미리 효과를 확인해보고, 마음에 들면 슈가 눈송이의 ⊕ [트랙에 추가]를 클릭합니다. 슈가 눈송이 효과가 없는 경우 마음에 드는 다른 효과를 선택합니다.

편집 효과가 적용되면 트랙에 편집 효과 크랙이 추가됩니다.

3. 트랙에 추가된 편집 효과 클립 길이를 영상이 끝나는 곳까지 조절합니다. [특수 편집 효과]– [기본] 탭에서 편집 효과 속도를 '10'으로 하여 눈이 천천히 내려오게 조절합니다.

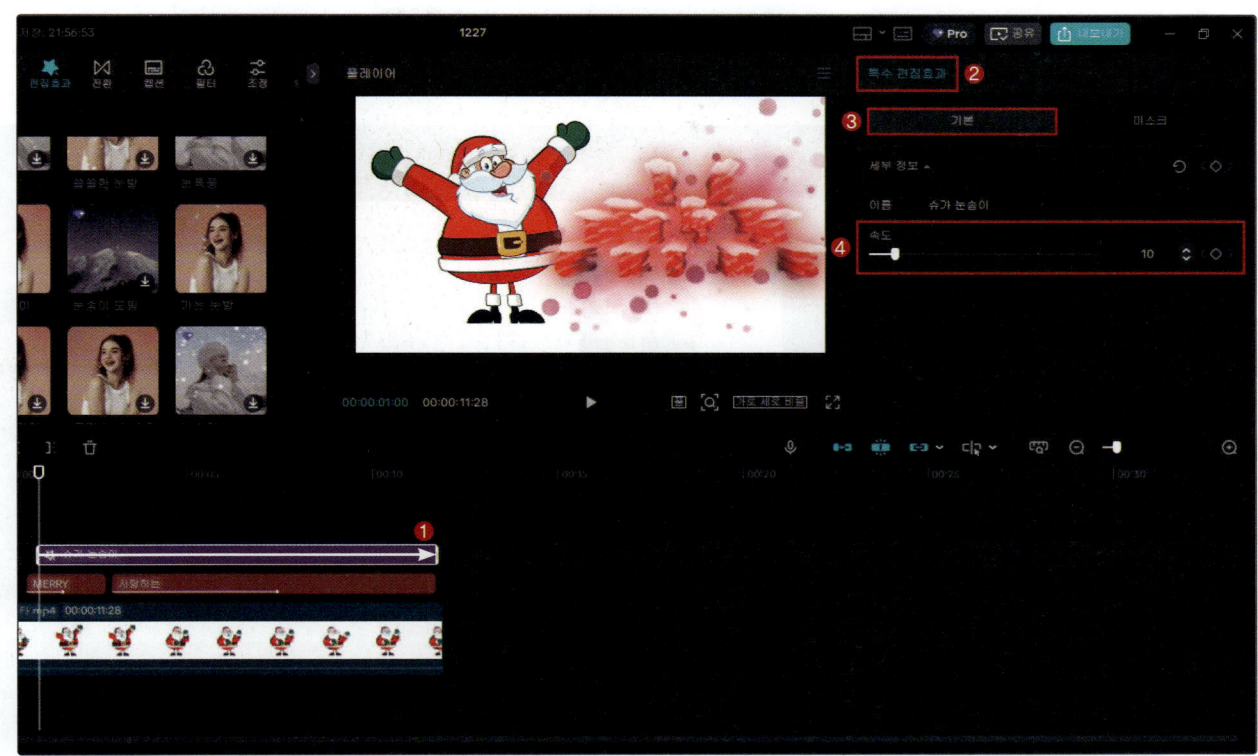

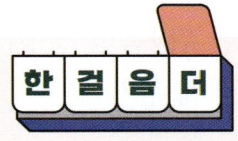

캡컷에서는 글꼴이나 오디오를 선택할 때 [상업적]을 클릭하면 상업적으로 사용할 수 있는 글꼴이나 오디오를 선택할 수 있습니다.

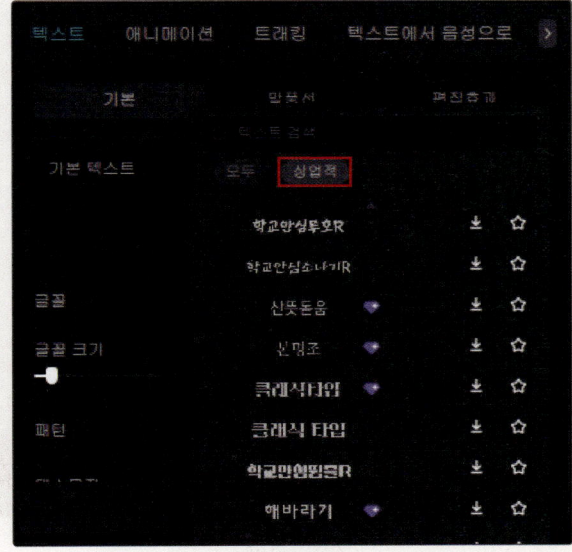 

3 텍스트를 음성으로 만들기

1. 확대/축소 슬라이드를 드래그하여 타임라인을 확대합니다. 첫 번째 텍스트 클립을 선택한 다음, [텍스트에서 음성으로] 탭을 클릭합니다.

2. 여러 목소리를 클릭해 음성을 미리 들어보고, 가장 어울리는 목소리를 선택한 뒤 [음성 생성]을 클릭합니다. 첫 번째 텍스트 클립에 입력한 내용이 음성으로 변환되어 트랙에 추가됩니다.

tip 한국어는 음성 변환이 완벽하게 지원되지 않습니다.

3. 음성 클립을 트랙 맨 앞으로 드래그하여 이동합니다. 앞에서 텍스트를 2줄로 입력했기 때문에 중간에 불필요한 공백이 존재하고 있습니다(45쪽 5번 참조). 이를 지우기 위해 재생 헤드를 1.07초로 이동한 후 [분할]을 클릭합니다.

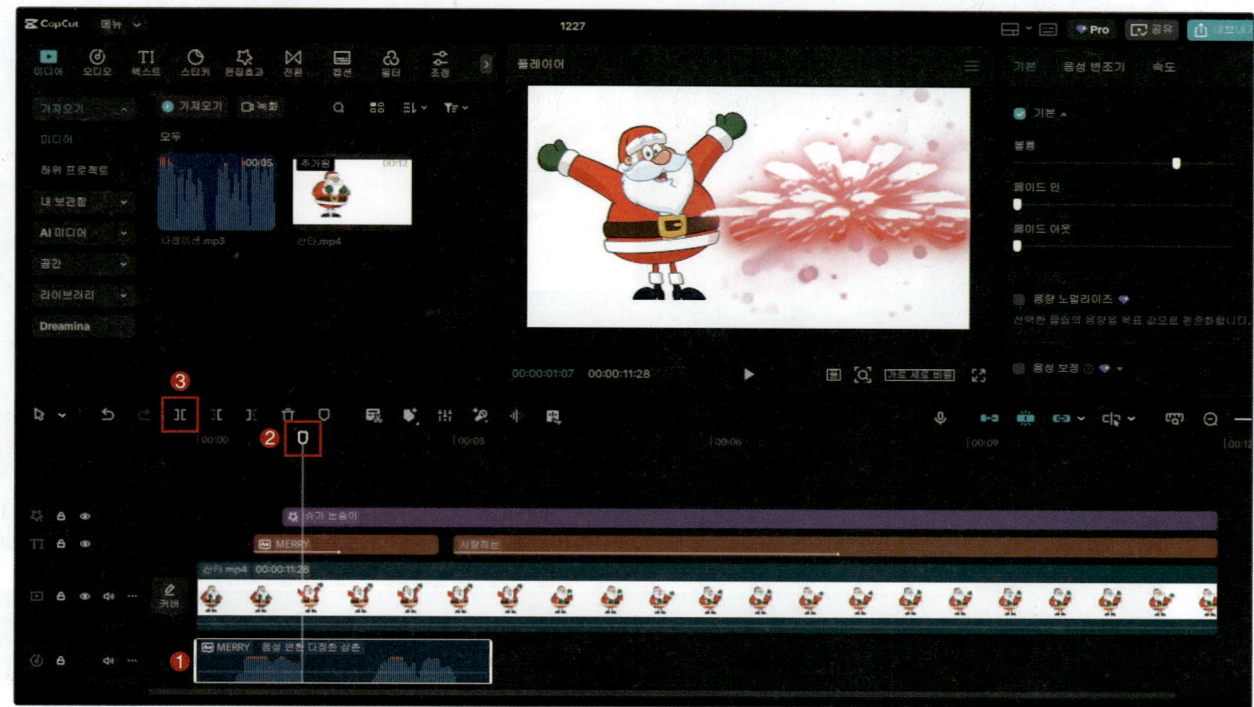

4. 오디오 클립이 다음과 같이 두 개로 분할되었습니다. 오른쪽 오디오 클립이 선택되어 있는 상태에서 재생 헤드를 2.01초로 이동한 후 [왼쪽 삭제]를 클릭하면 1.07초부터 2.01초 사이의 불필요한 부분이 지워집니다.

5. 떨어져 있는 두 음성을 자연스럽게 연결하기 위해 재생 헤드를 1.07초에 위치시키고, 오른쪽 음성 클립을 드래그하여 재생 헤드위치로 이동시킵니다.

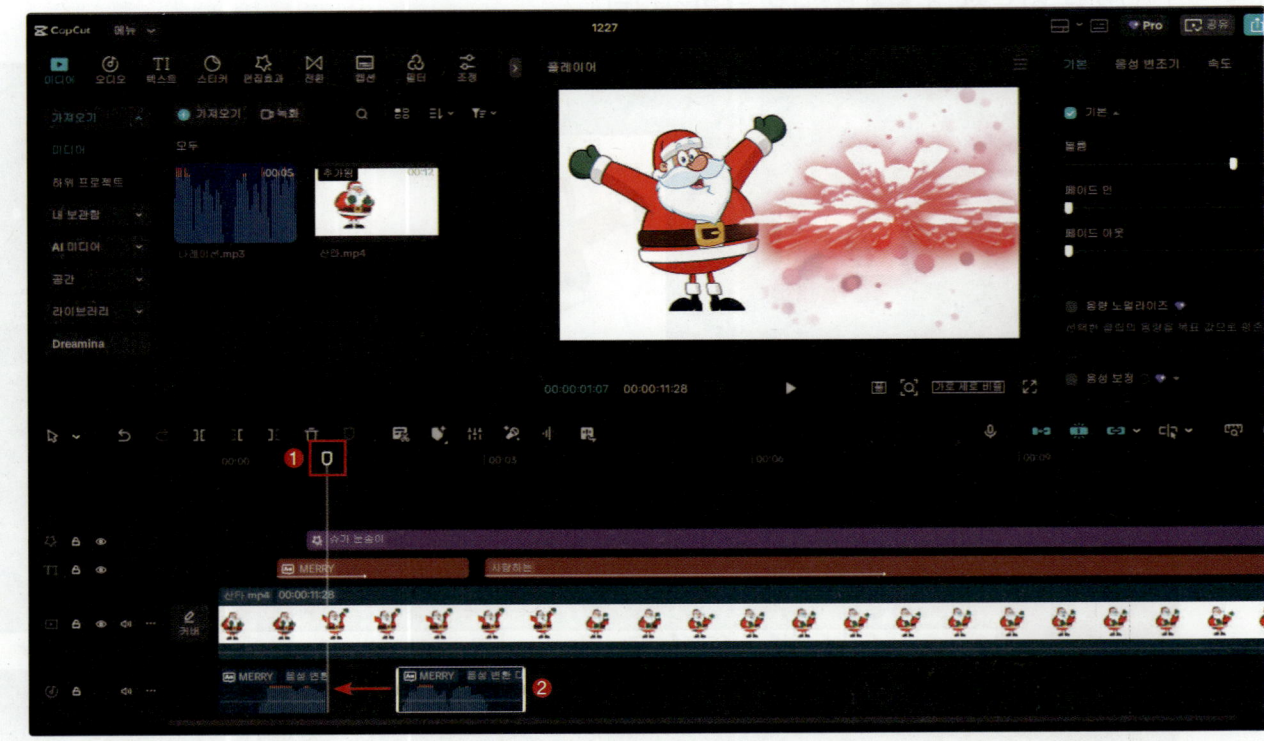

6. 재생 헤드를 '3초'로 이동시키고, [미디어]를 클릭하여 '나레이션'의 [트랙에 추가]를 클릭합니다. [기본] 탭에서 볼륨을 '3dB'로 정도로 키워줍니다.

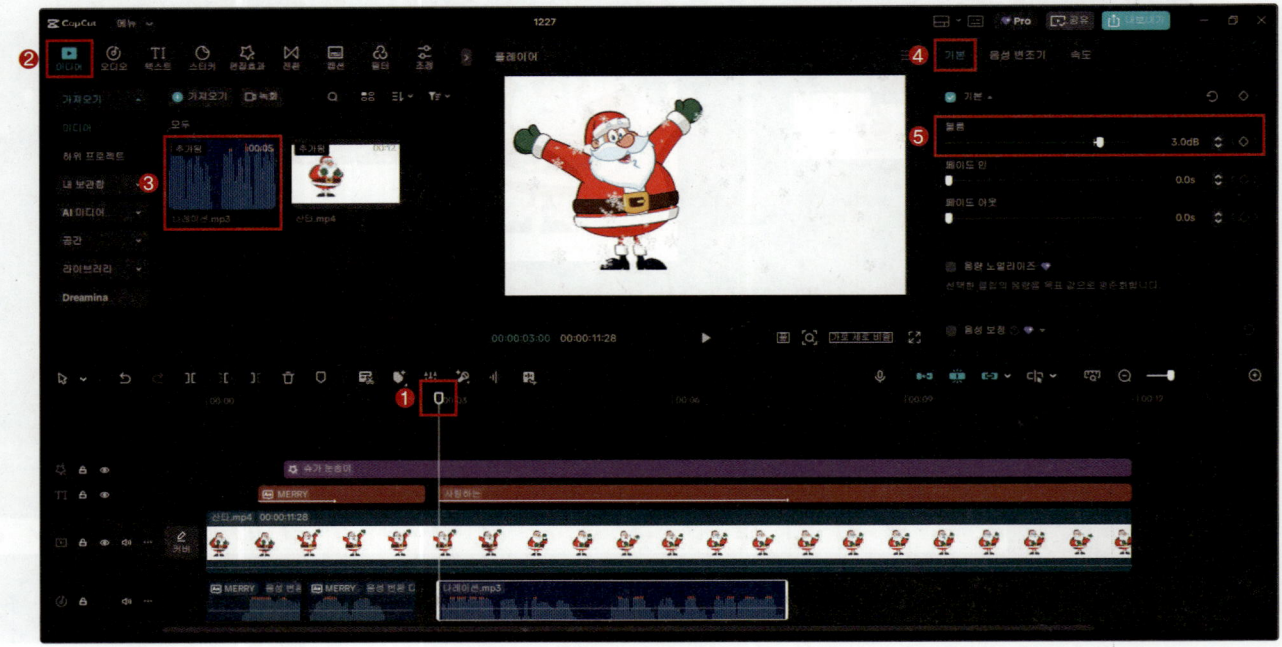

7. 마지막으로 분위기를 살려줄 배경 음악을 추가하기 위해 재생 헤드를 2초에 위치시키고 [오디오]-[음악]을 클릭하여 '캐롤'을 검색합니다. 'Jingle Bell Rock' 클릭한 후 ⊕[트랙에 추가]를 클릭합니다.

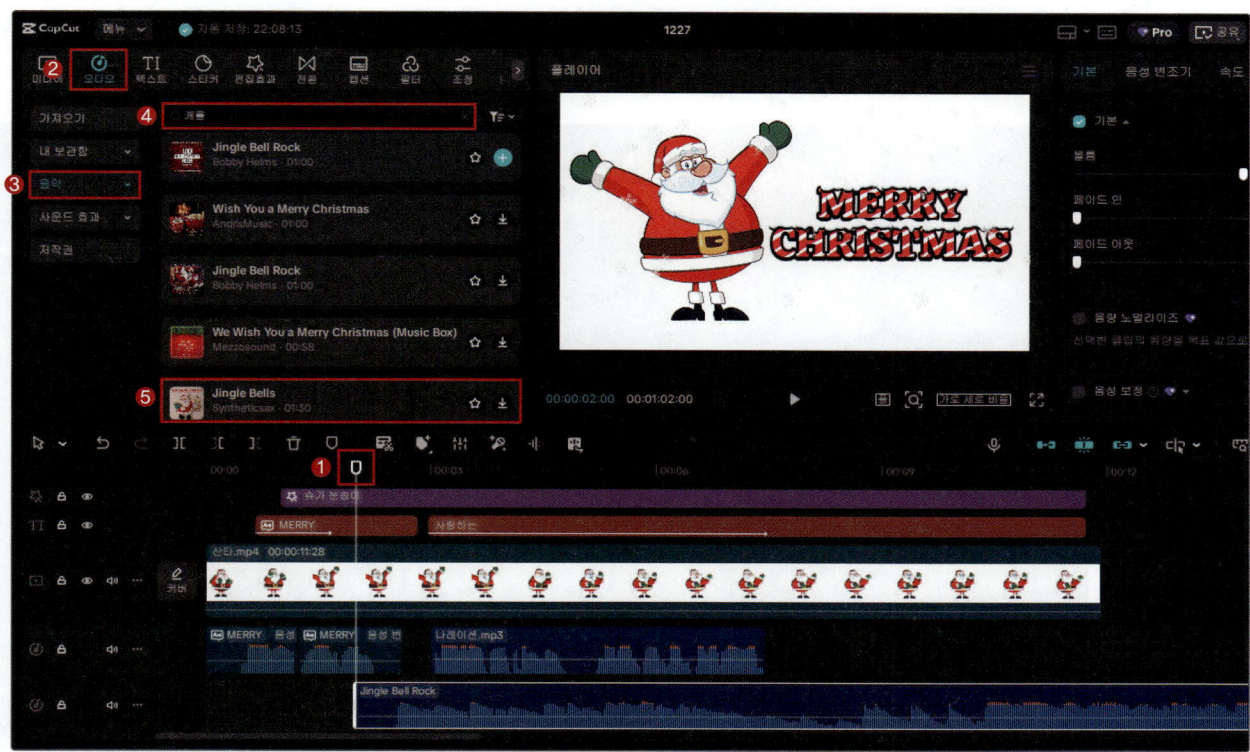

8. 영상 길이에 맞춰 음악을 자르기 위해 재생 헤드를 영상 끝으로 이동시키고, ⫿[오른쪽 삭제]를 클릭합니다. [기본]에서 페이드 인과 아웃을 각각 '0.5초'로 설정하여 부드럽게 마무리 합니다.

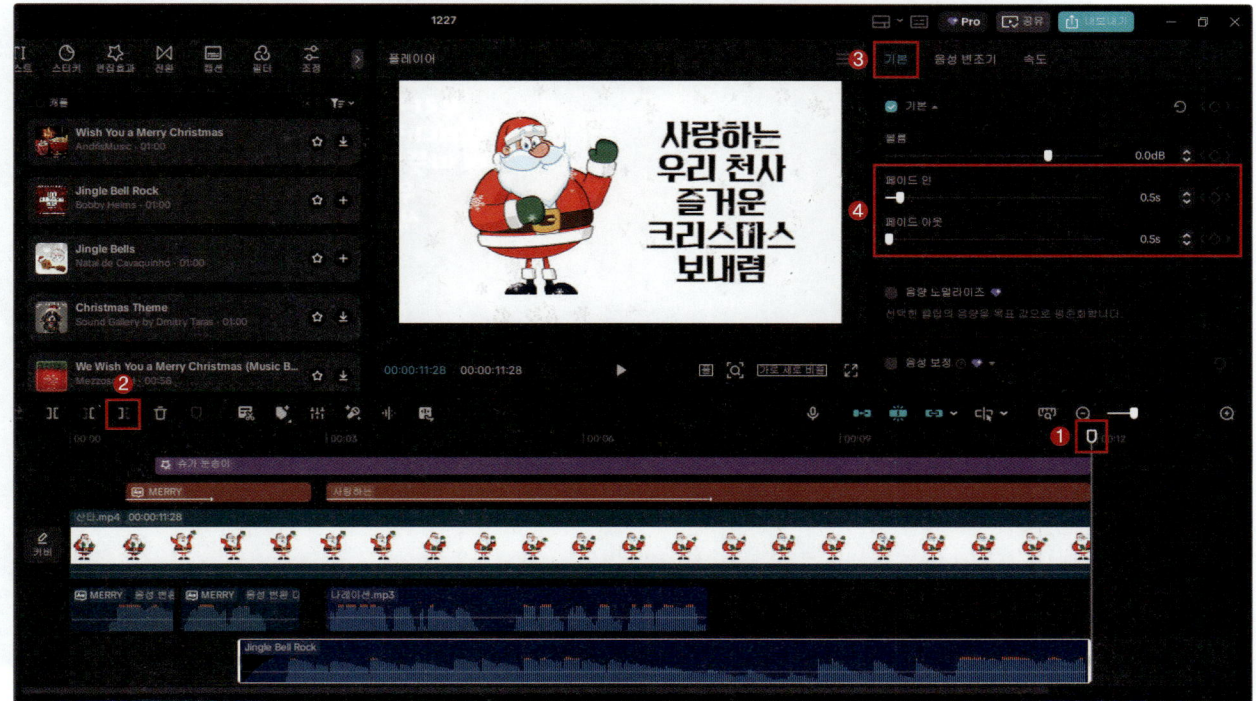

1 다음과 같이 프레임에 텍스트를 입력하고, 텍스트 편집 효과와 동영상 편집 효과를 적용해 보세요.

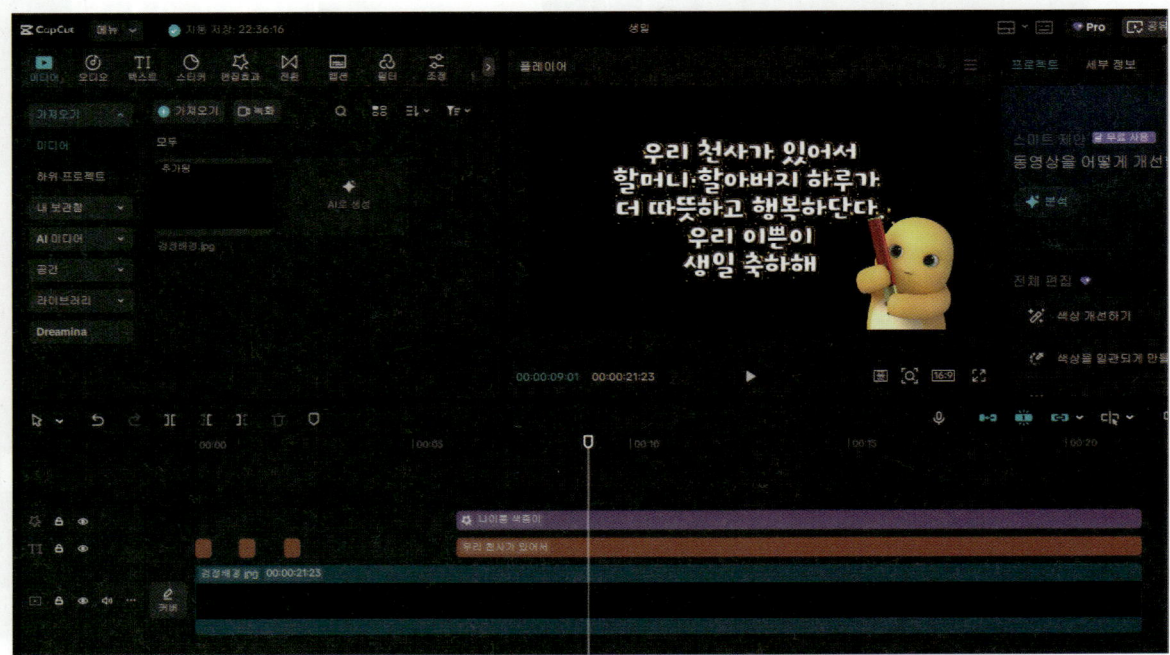

2 다음과 같이 배경과 'count', 'happy birthday' 사운드 효과를 검색하여 삽입해보세요.

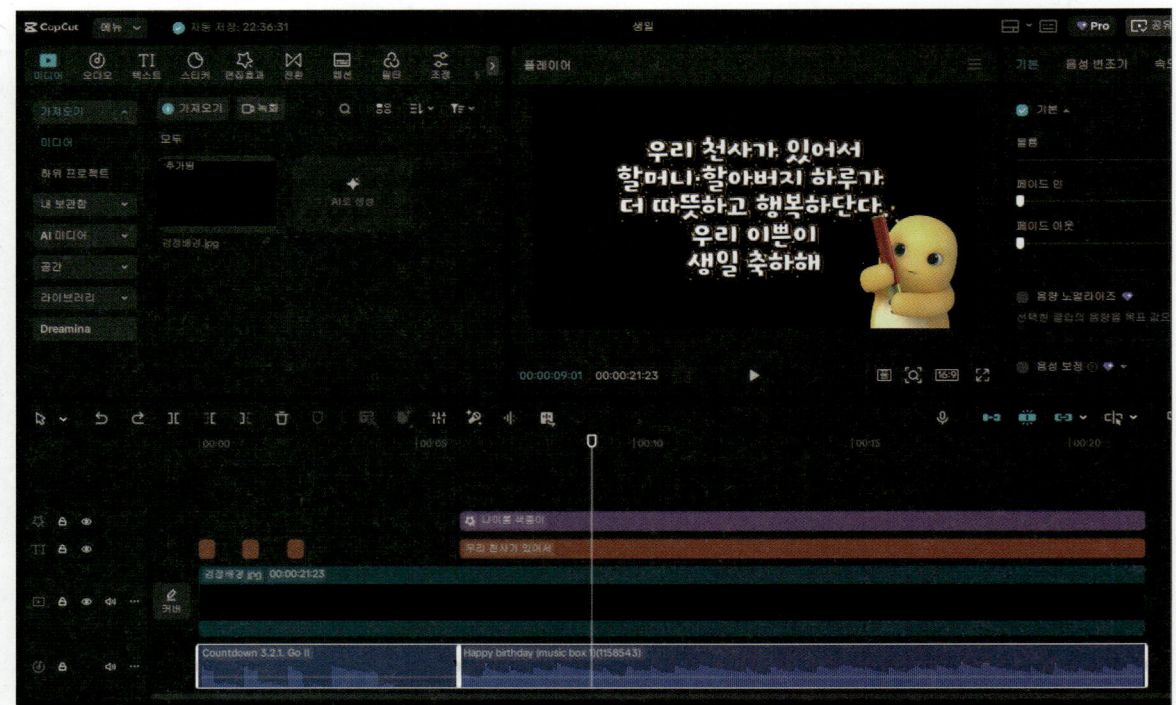

▲ 완성파일 : 생일.mp4

③ 연하장 영상 파일과 애니메이션, 편집 효과를 이용하여 연하장을 만들어보세요.

▲ 준비파일 : 연하장.mp4

 텍스트를 원하는 음성으로 변환하여 완성해보세요.

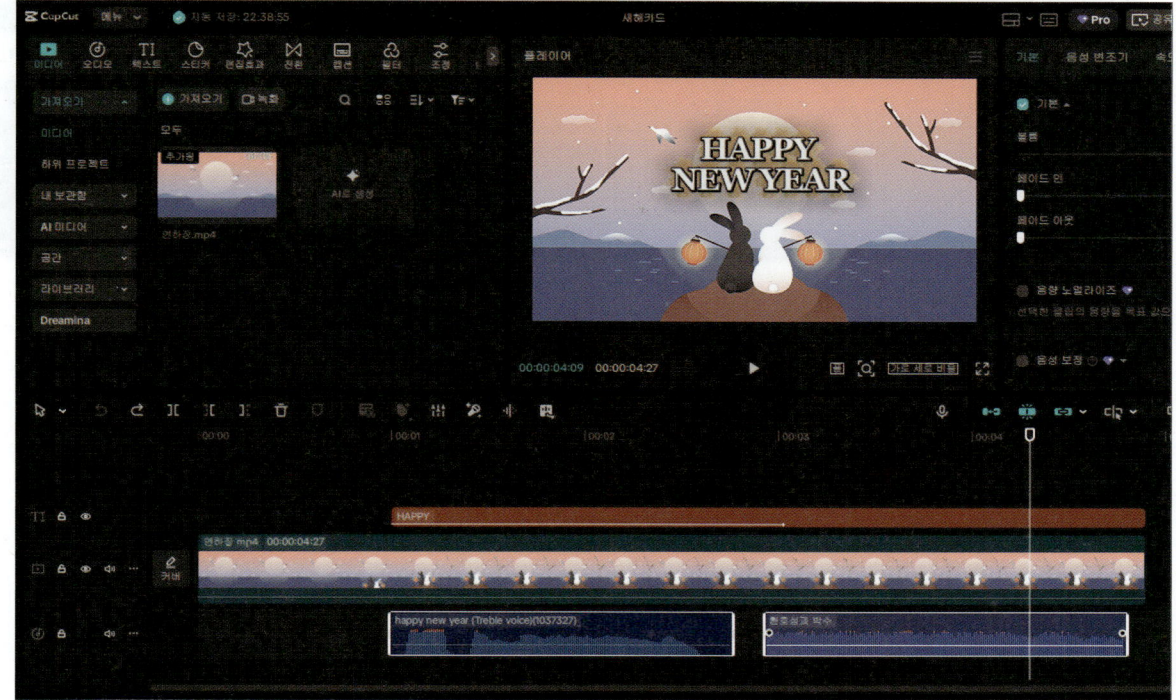

▲ 완성파일 : 새해카드_완성.mp4

감성을 담은 영상 제작하기

효과음의 길이를 조절하여 영상이나 사진이 등장하는 순간 자연스럽게 어우러지도록 감성을
담은 영상을 만들 수 있습니다.

▲ 감성영상_완성.mp4

1 미디어 추가하기

1. 이미지 전체 재생 시간을 조절하기 위해 편집 화면에서 [메뉴]-[설정]을 클릭합니다. [설정] 대화상자의 [편집] 탭에서 이미지 기간을 '2.0'초로 지정하고 [저장]을 클릭합니다.

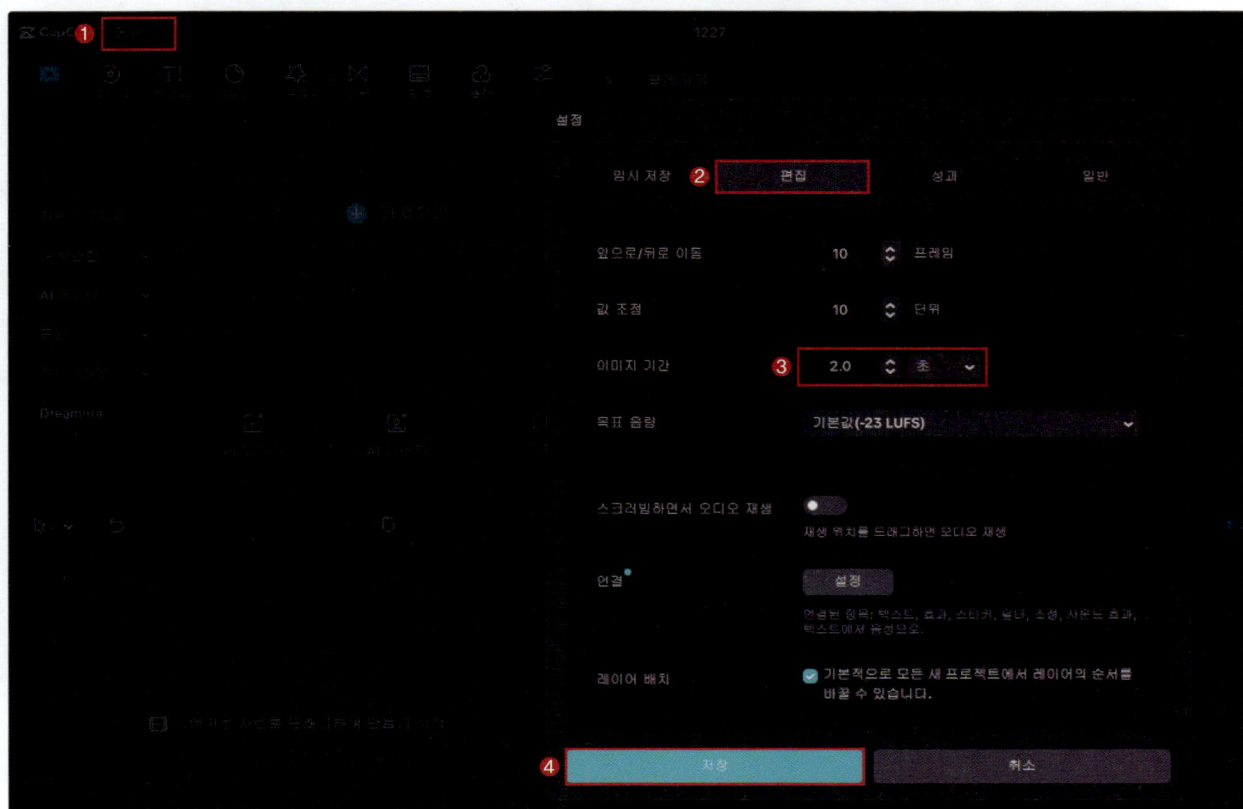

2. 필요한 이미지와 비디오 파일을 불러오기 위해 [미디어]-[가져오기]를 클릭합니다. 나타난 [미디어 리소스 선택] 대화상자의 [캡컷예제]-[Chapter05] 폴더에서 '감성1~8' 파일과 '검정배경' 파일을 선택하고 [열기]를 클릭합니다.

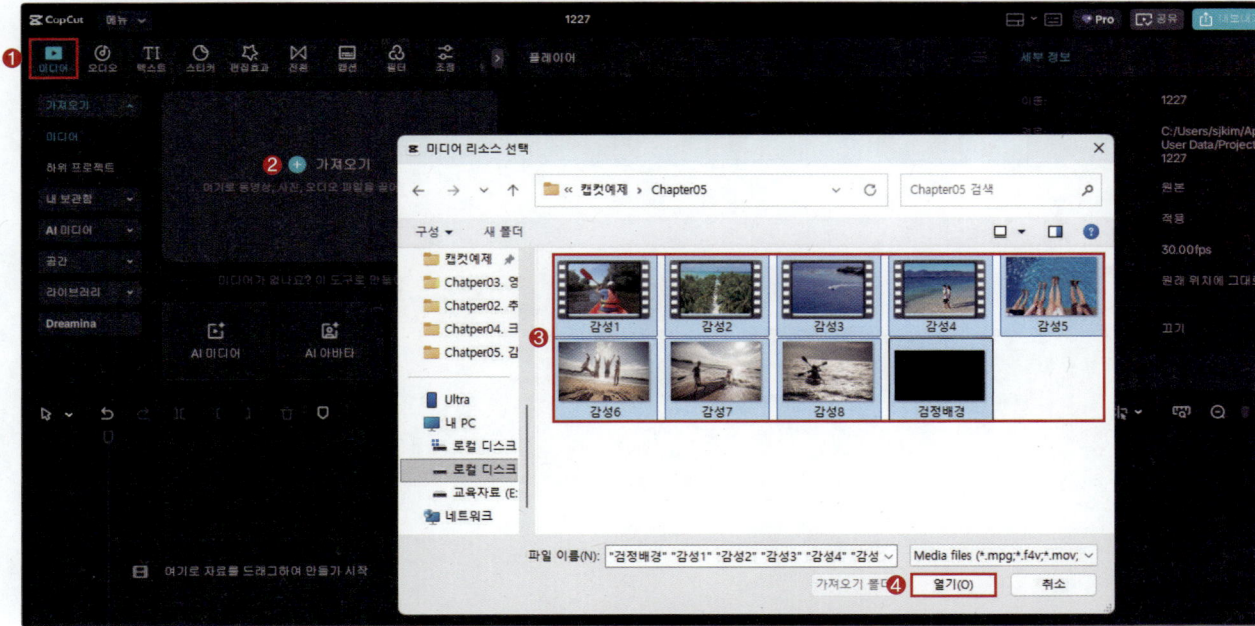

3. 미디어 목록의 빈 공간을 클릭하여 불러온 미디어 선택을 해제합니다. '검정배경'의 ⊕[트랙에 추가]를 클릭하고, 메인 트랙의 🔒[트랙에 잠금]을 클릭하여 배경이 움직이지 않도록 고정시킵니다.

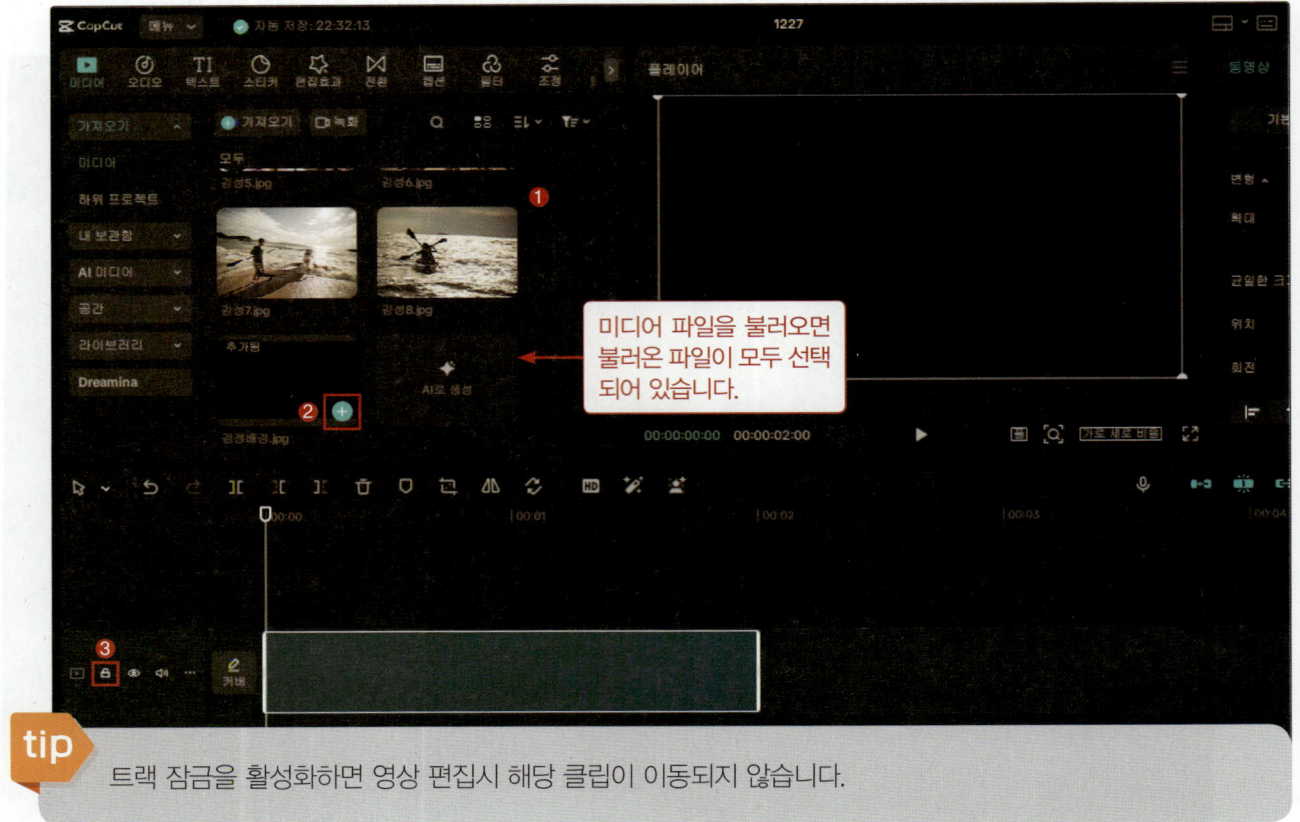

> **tip** 트랙 잠금을 활성화하면 영상 편집시 해당 클립이 이동되지 않습니다.

4. 첫 번째 영상이 1초 뒤에 나타나도록 하기 위해 재생 헤드를 '1.0' 초에 위치시킵니다. 미디어 목록에서 '감성1' 영상을 드래그하여 검정 배경 트랙 위쪽에 놓습니다. 이렇게 하면 배경 위에 영상이 겹쳐집니다.

5. 영상의 크기를 조절하기 위해 [동영상]-[기본] 탭에서 확대를 '50%'로 설정하여 영상 크기를 축소하고 화면 왼쪽 위로 이동시킵니다.

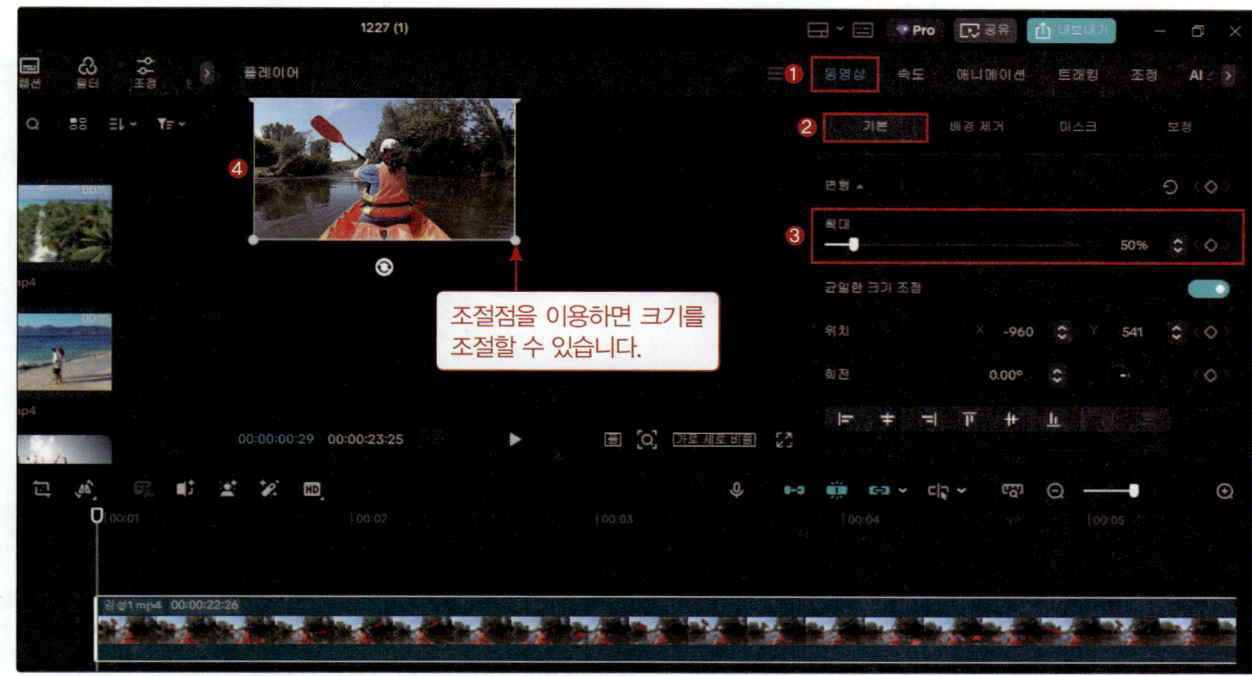

조절점을 이용하면 크기를 조절할 수 있습니다.

6. 영상을 더 생동감 있게 만들기 위해 [속도]-[표준] 탭에서 속도를 '2.00×'로 설정하여 영상의 속도를 2배로 빠르게 조절합니다.

tip

기간 : 영상의 재생 시간으로 배속을 조절할 수 있습니다.

7. 두 번째 영상은 1초 뒤에 나오게 하기 위해 재생 헤드를 2초에 위치시킵니다. '감성2' 영상을 감성1 영상 클립 위로 드래그합니다. [동영상]-[기본] 탭에서 확대 값을 '50%'로 설정하여 이미지를 축소시킵니다.

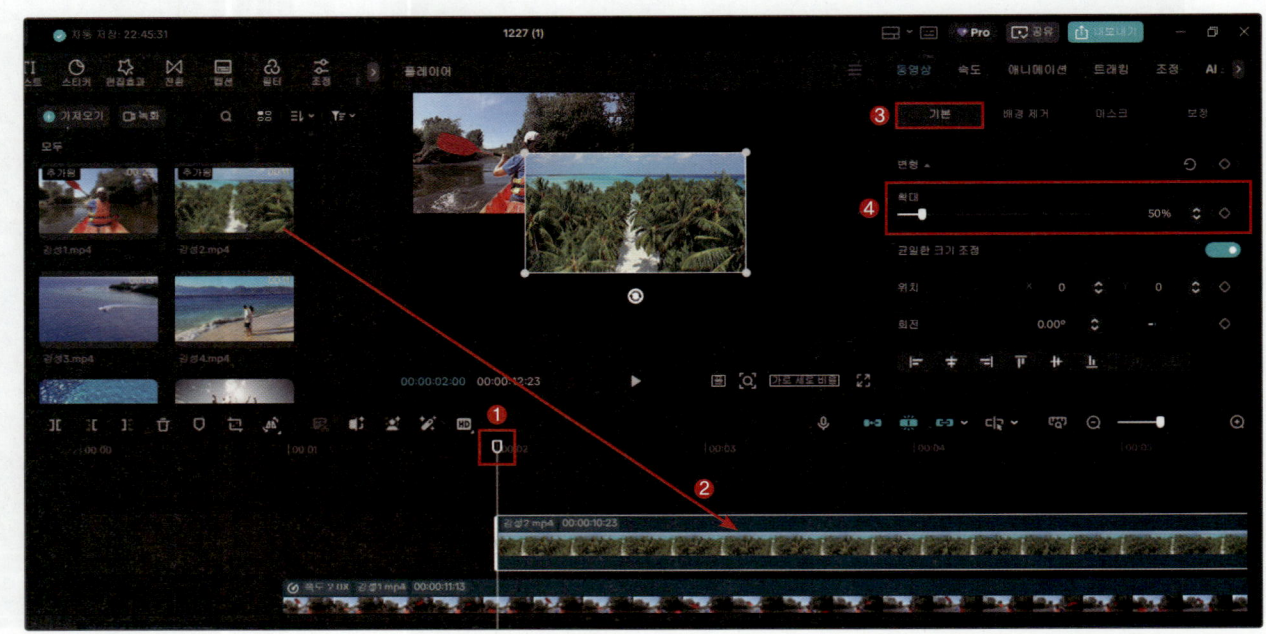

tip 확대는 100%를 기준으로 작은 값은 축소, 큰 값은 확대됩니다.

8. 이미지를 화면 오른쪽 위쪽으로 이동시키고, [속도]-[표준] 탭에서 속도를 '2.00×'로 빠르게 조절합니다.

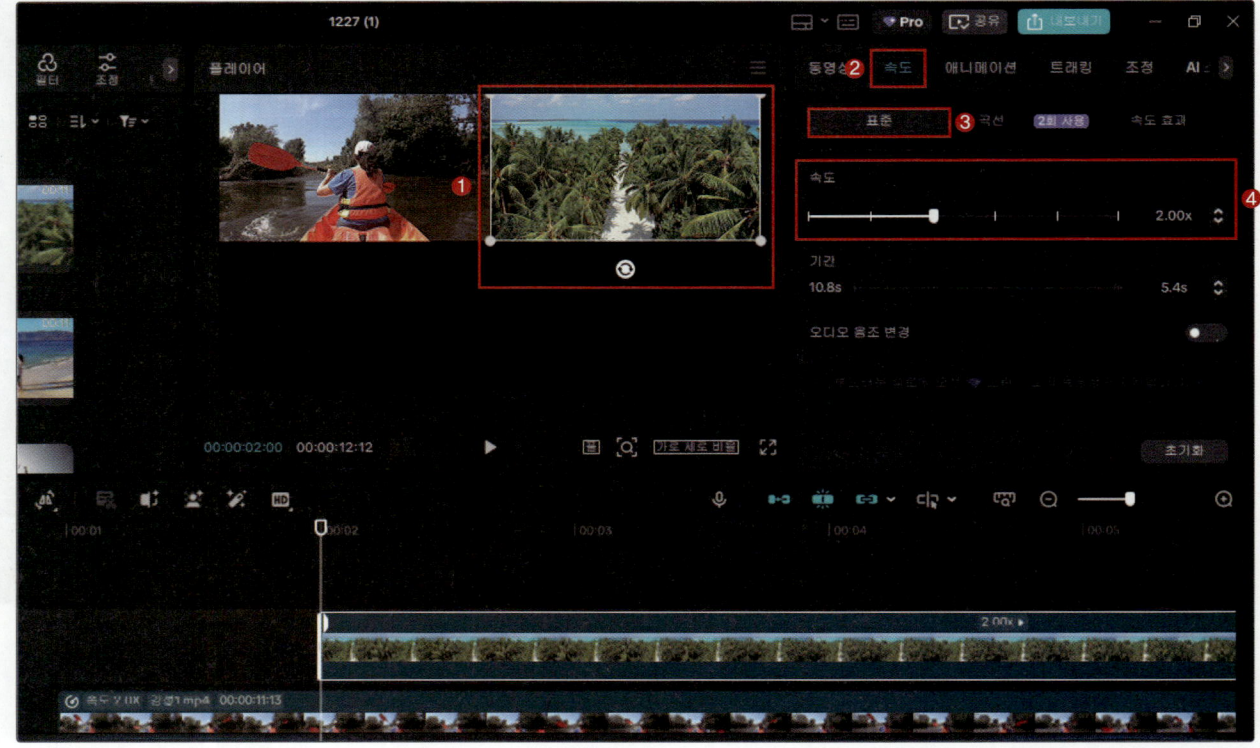

9. 같은 방법으로 영상을 1초 간격을 두고 다음과 같이 '감성3', '감성4' 영상을 트랙에 추가하고 크기와 속도를 조절하여 배치합니다. Ctrl + - 를 눌러 타임 라인을 축소하여 타임라인에 추가된 클립을 확인합니다.

tip 작업 공간이 좁다면 키보드의 Ctrl + - (빼기) 키를 눌러 화면을 축소해 보세요. 그러면 전체 흐름을 보기가 좋습니다.

10. 재생 헤드를 6초로 이동시킵니다. 메인 트랙의 🔒를 눌러 잠금을 해제하고 모든 영상의 끝나는 시간을 6초로 조절합니다.

tip 트랙에 추가되는 영상의 길이에 따라 트랙 영역이 확대 또는 축소됩니다.

1. 텍스트가 나타날 위치를 정하기 위해 재생 헤드를 '5초'에 위치시킵니다. [텍스트]–[기본 텍스트]의 ⊕ [추가]를 클릭합니다.

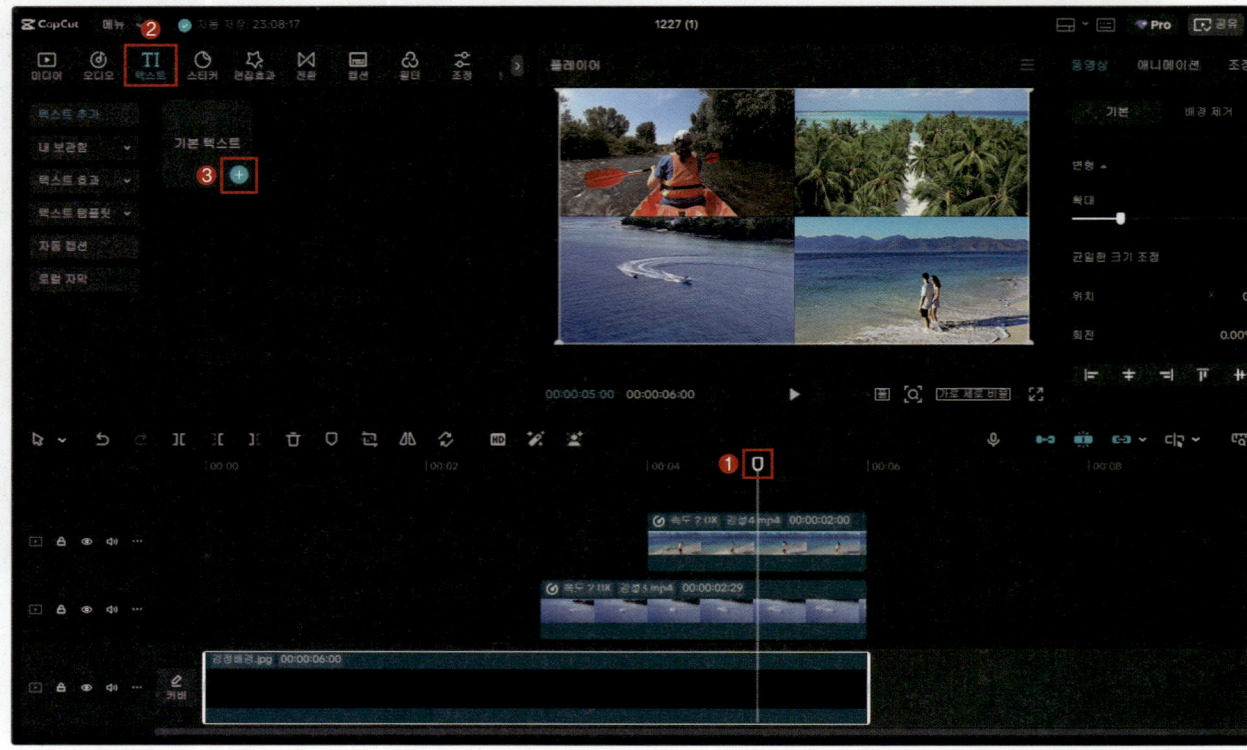

2. [기본] 탭에서 '2026 Memory'를 입력하고 글꼴은 'Serif', 크기는 '13', 문자 간격은 '–2', 줄간격은 '–3'으로 설정합니다.

텍스트 클립이 추가됩니다.

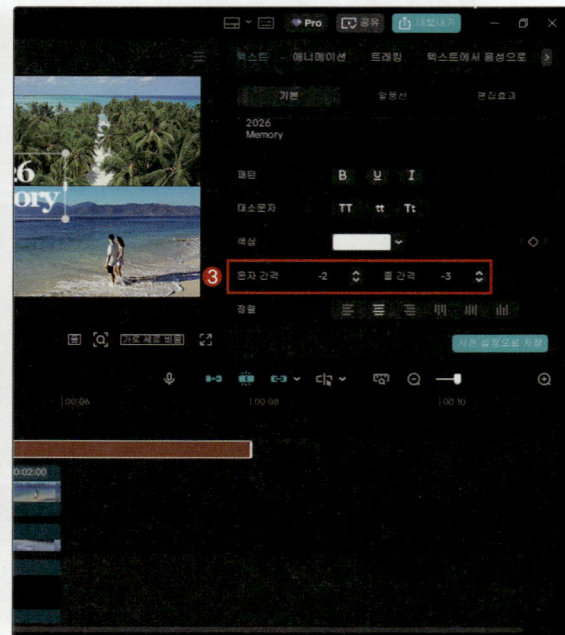

3. 텍스트에 테두리를 설정하기 위해 [텍스트]–[기본] 탭의 이동 막대를 아래로 드래그하여 [획] 을 선택하고 색상과 두께를 '15'로 합니다. [그림자]를 선택한 다음 흐림은 '0', 거리는 '5'로 설 정하여 입체감을 줍니다.

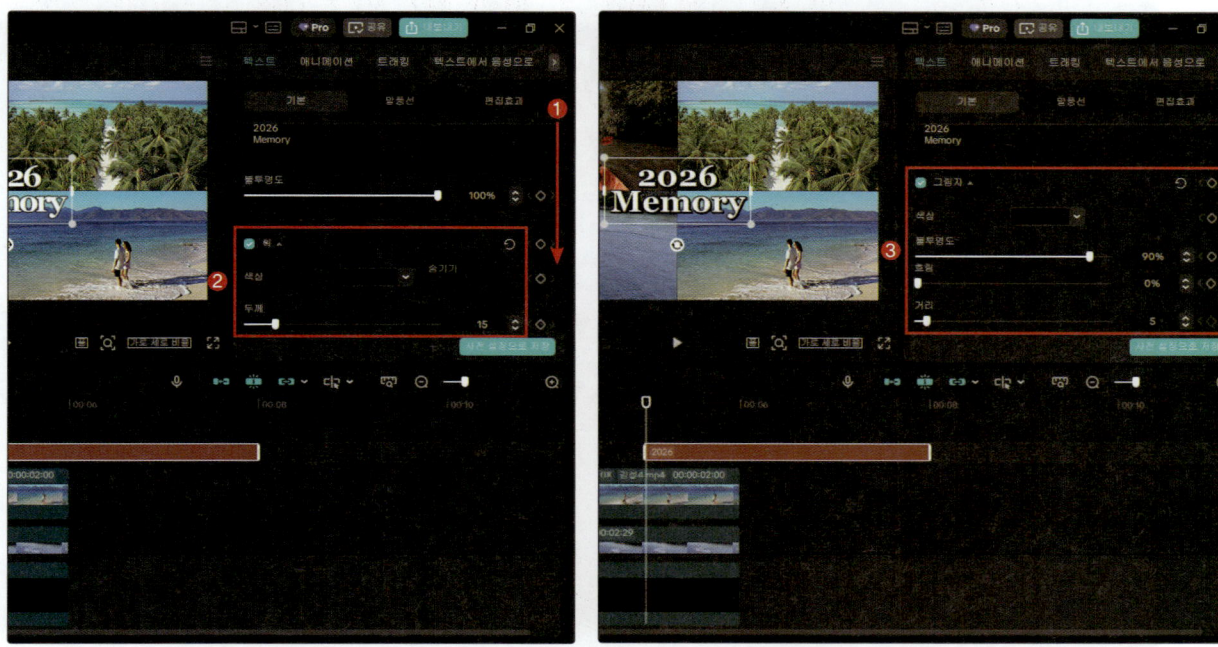

4. 텍스트 재생 시간을 '6'초로 조절하고, 재생 헤드를 5.5초로 이동합니다. [스티커]–[点点]의 천 사 날개 스티커를 선택한 다음, ⊕[트랙에 추가]를 클릭합니다.

5. 삽입한 스티커의 크기를 적당히 조절하여 다음과 같이 위치시킵니다. 재생 헤드를 6초로 이동한 다음, 스티커 재생 길이를 재생 헤드에 맞게 조절합니다.

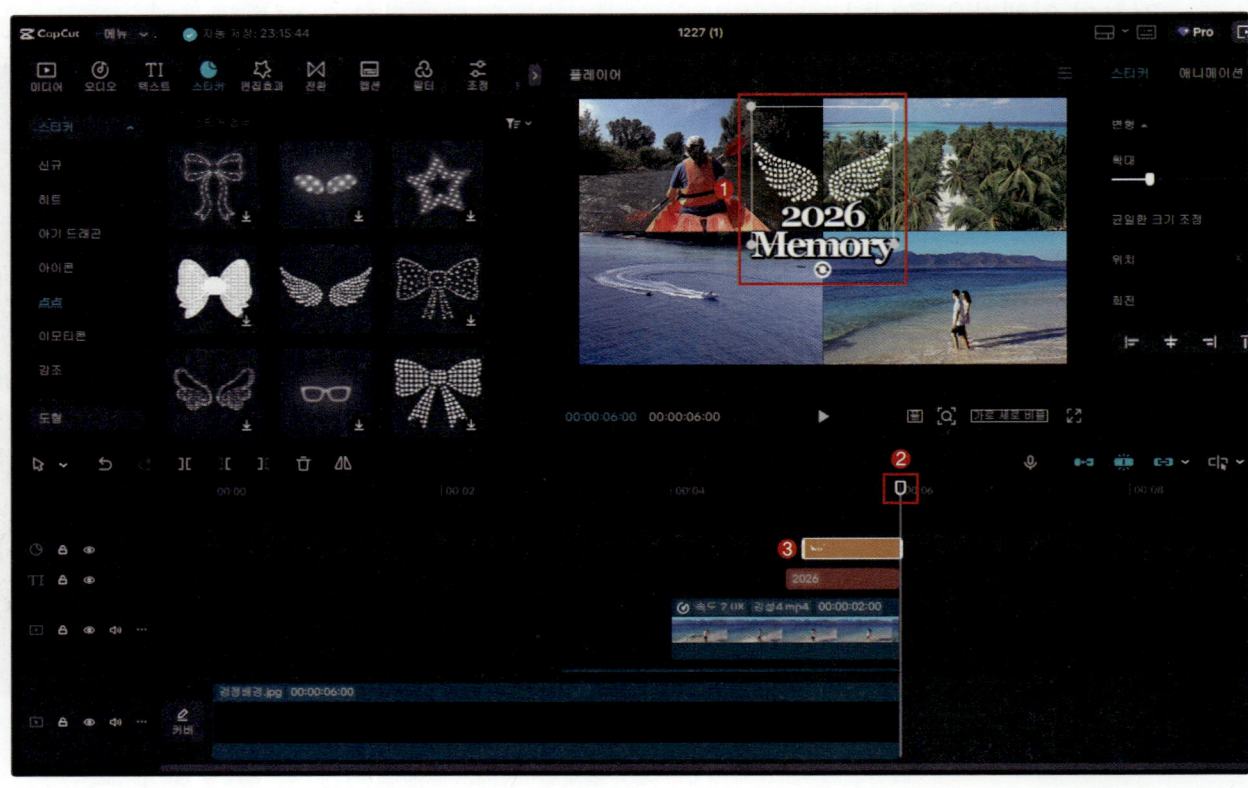

6. [미디어]를 클릭하여 다음과 같이 나머지 '감성5~8' 이미지를 트랙에 차례대로 추가한 다음, 이미지의 크기를 편집 화면에 맞게 조절합니다.

3 리듬감 있는 효과음 넣기

1. 이미지가 나타날 때 효과음을 설정하기 위해 재생 헤드를 1초로 이동합니다. [오디오]−[사운드 효과]를 클릭합니다. 'boom'을 입력하여 검색한 후, 다음과 같은 효과음의 ⊕[트랙에 추가]를 클릭합니다.

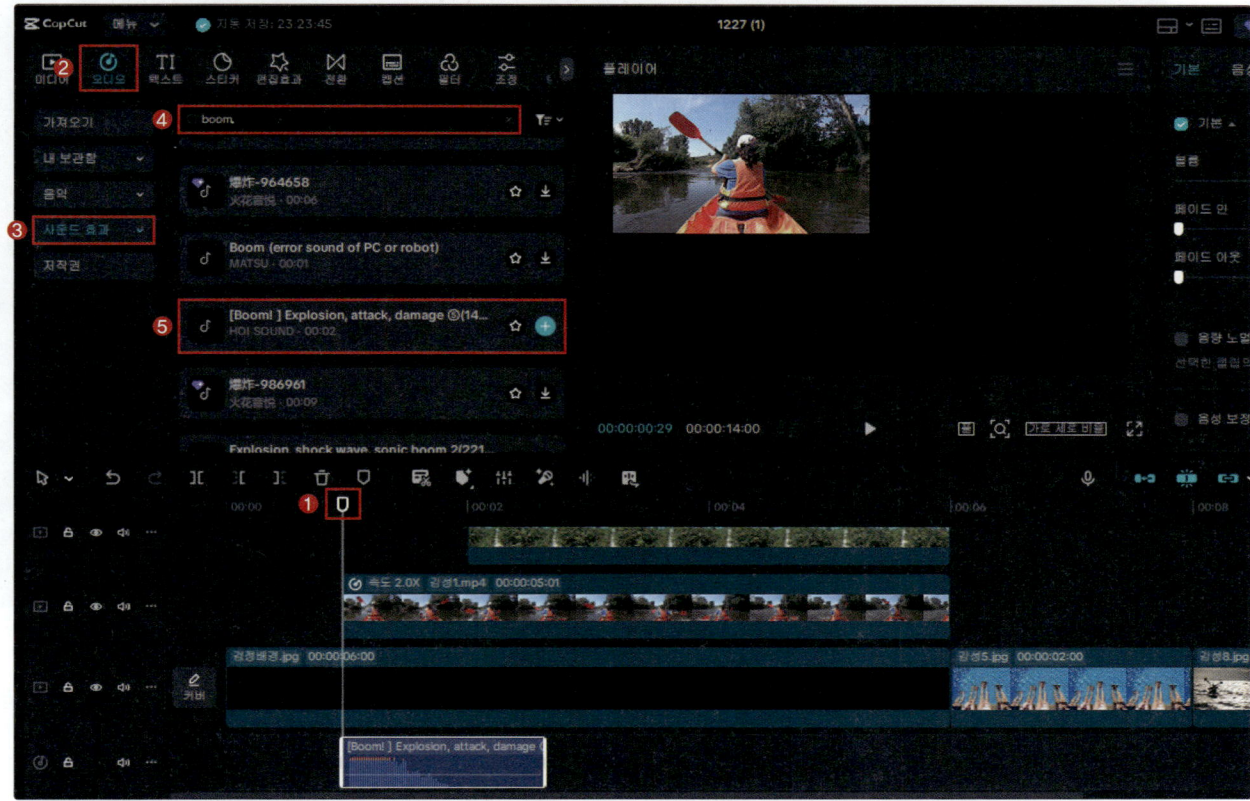

2. 트랙을 확대한 다음, 재생 헤드를 효과음 클립에 표시된 빨간점 끝나는 부분에 위치시킵니다. ⤵[오른쪽 자르기]를 클릭하면 재생 헤드 오른쪽 효과음이 삭제됩니다.

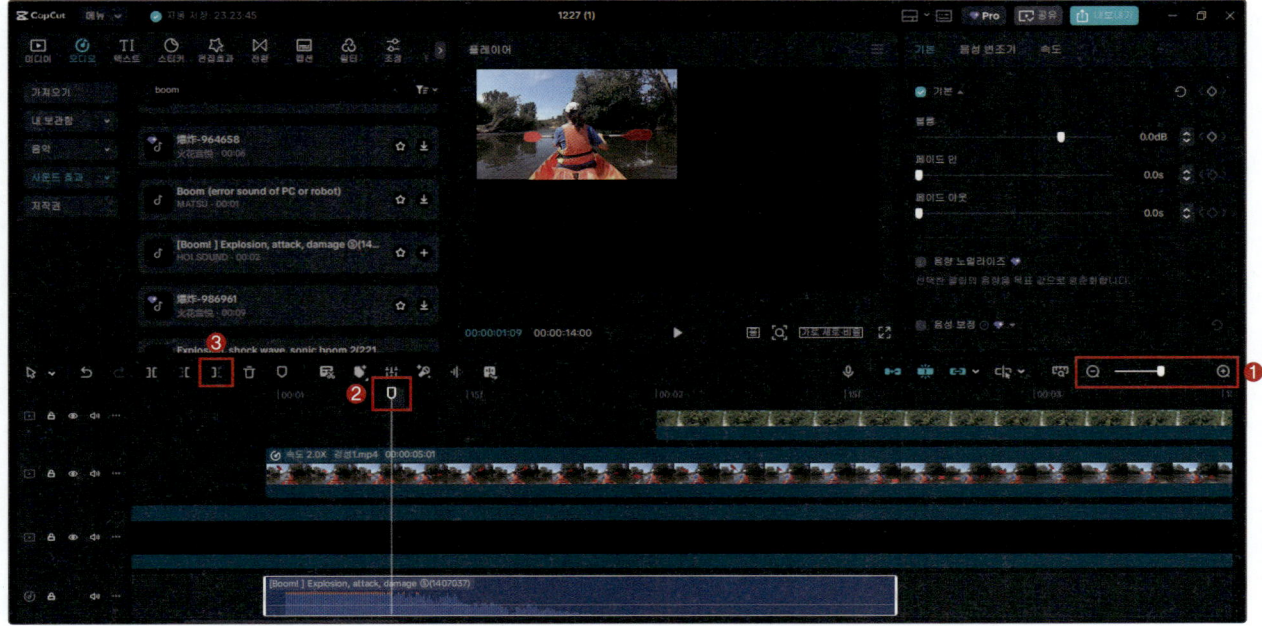

3. 효과음을 복사하기 위해 효과음 클립에서 마우스 오른쪽 단추를 클릭하여 [사본]을 클릭하거나 Ctrl + C 를 눌러 효과음을 복사합니다.

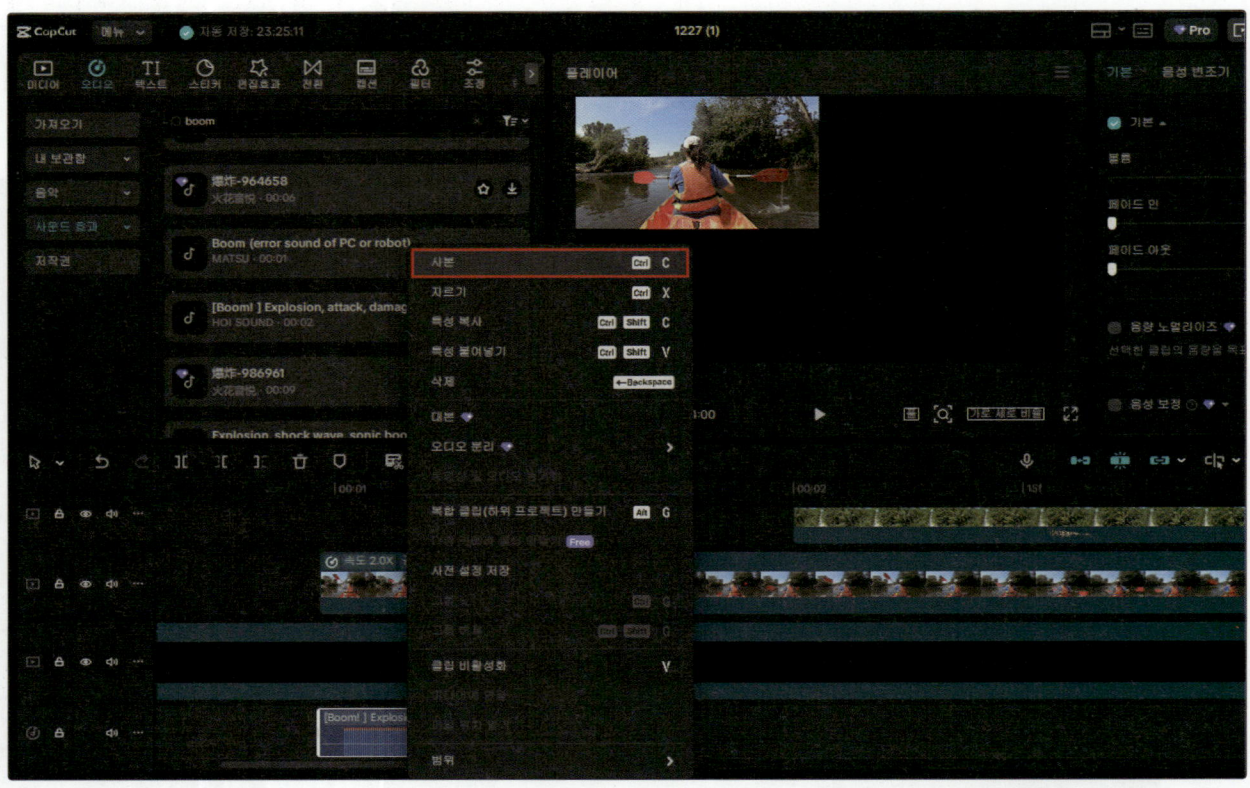

4. 두 번째 영상이 시작되는 위치로 재생 헤드를 이동시킵니다. 마우스 오른쪽 단추를 클릭하여 [붙여넣기] 또는 Ctrl + V 를 누릅니다.

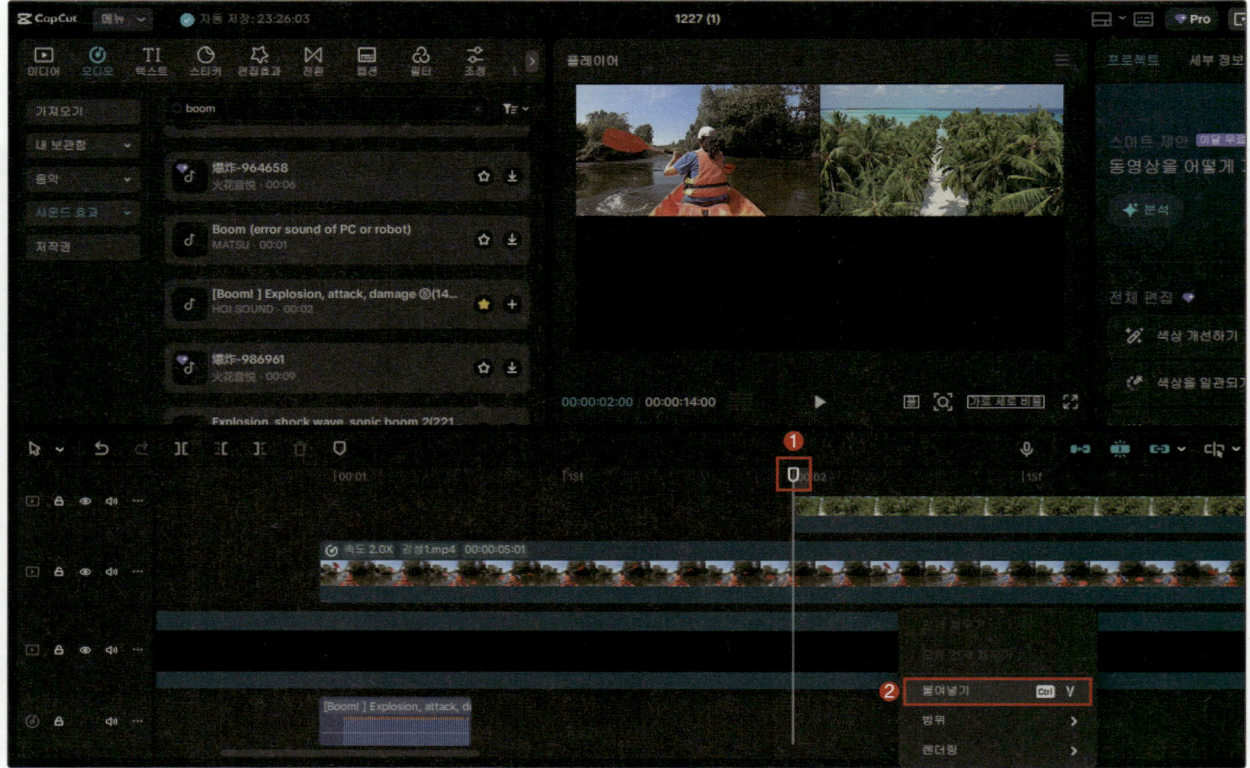

5. 같은 방법으로 모든 영상이 시작하는 곳에 효과음을 붙여넣기 합니다. 보다 편하게 작업을 하기 위해 `Ctrl` + `-` 를 눌러 트랙을 축소한 다음, 재생 헤드를 '4.20초'로 이동시킵니다.

사진이 나타날 때 총 소리 효과음이 나옵니다.

6. 배경음악을 삽입하기 위해 [음악]을 클릭하여 '여행'을 검색한 후 트랙에 추가합니다. 재생 헤드를 영상 맨 뒤로 이동시키고, [오른쪽 삭제]를 클릭하여 완성합니다.

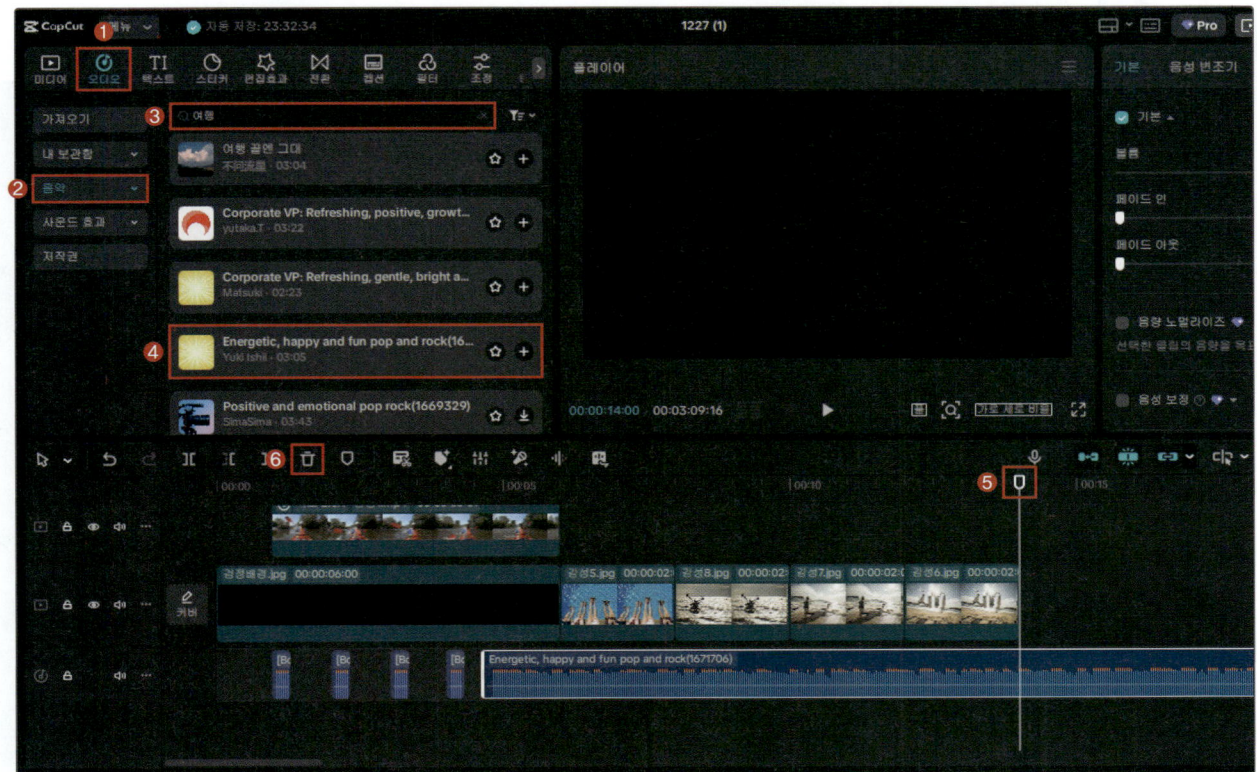

혼자 풀어보기

1 다음과 같이 영상을 1초 간격으로 나타나게 만들고, 텍스트를 삽입해보세요.

▲ 준비파일 : 도시1.mp4～도시4.mp4

2 'rec' 스티커를 검색하여 다음과 같이 삽입하고, 재생 시간을 영상 끝까지 조절해 보세요.

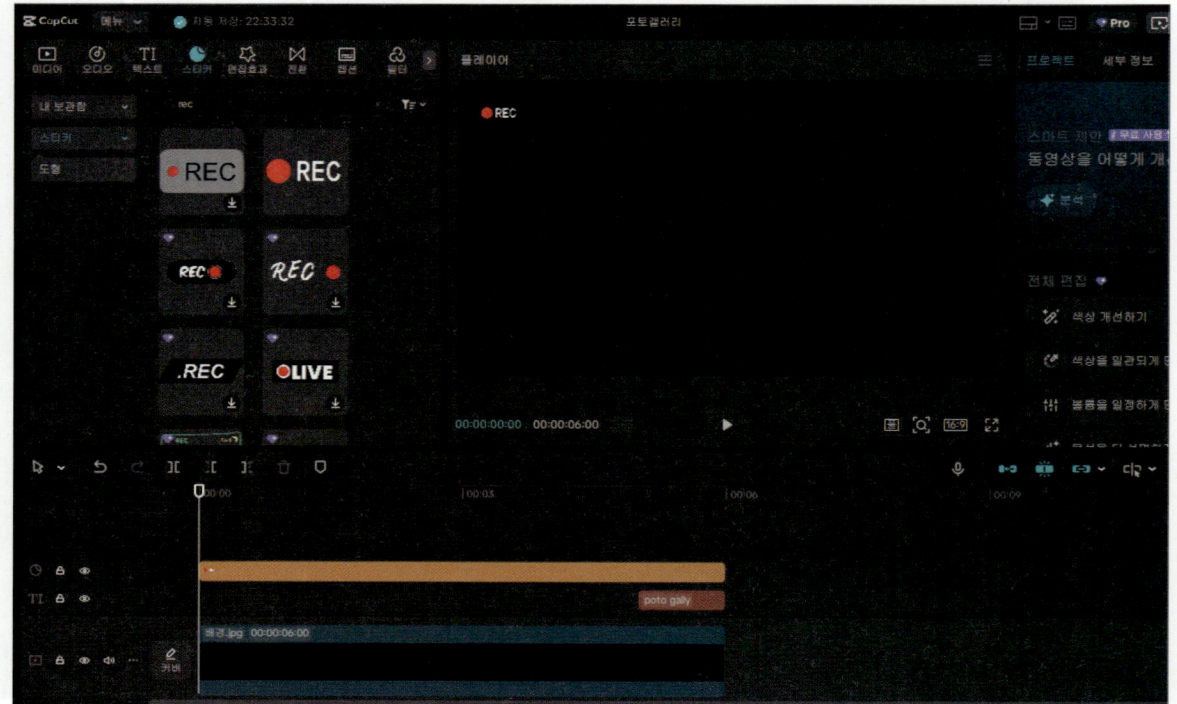

3 설정에서 사진 재생 시간을 0.5초로 지정하고 다음과 같이 6장의 이미지를 메인 트랙에 삽입해보세요.

▲ 준비파일 : 포토1.jpg~포토6.jpg

4 음악에서 '카메라셔터'를 검색하여 이미지 재생 시간에 맞춰 다음과 같이 완성해 보세요.

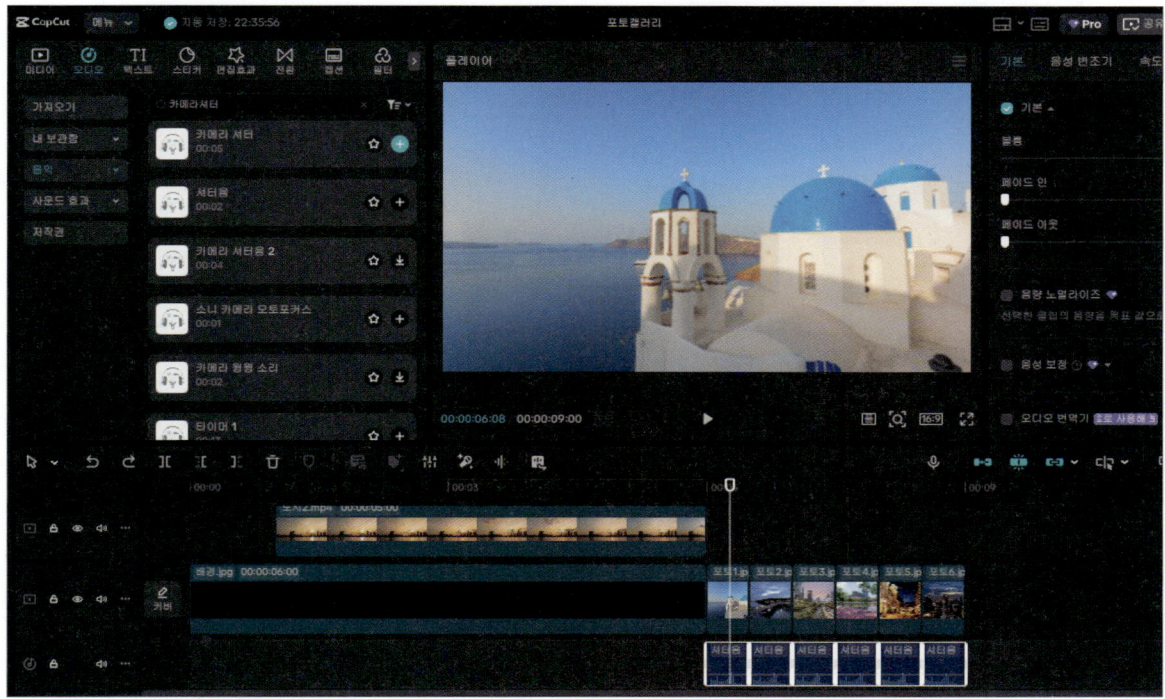

▲ 완성파일 : 포토갤러리_완성.mp4

영상을 품은 텍스트 만들기

마스크와 혼합모드를 활용해 텍스트 안에 영상을 담으면, 하나의 장면이 글자 속에서 흐르듯 움직이거나, 글자마다 다른 영상이 나타나는 트렌디한 영상을 만들 수 있습니다.

▲ 하늘_완성.mp4

▲ 떠나자_완성.mp4

1 텍스트 무빙 컷 만들기

1. [미디어]–[가져오기]를 클릭하여 [캡컷예제]–[Chapter06] 폴더에서 '흰색배경'을 불러와 메인 트랙에 추가하고, 재생 길이를 '20초'로 맞춥니다. [가로 세로 비율]–[16:9]를 설정합니다.

2. [기본 텍스트]의 ⊕[트랙에 추가]를 클릭하고 재생 길이를 흰색 배경 클립과 맞춥니다. [기본] 탭에서 "SKY"를 입력하고 글꼴은 'Impact', 글꼴 크기는 '90', 색상은 '검정'으로 설정합니다.

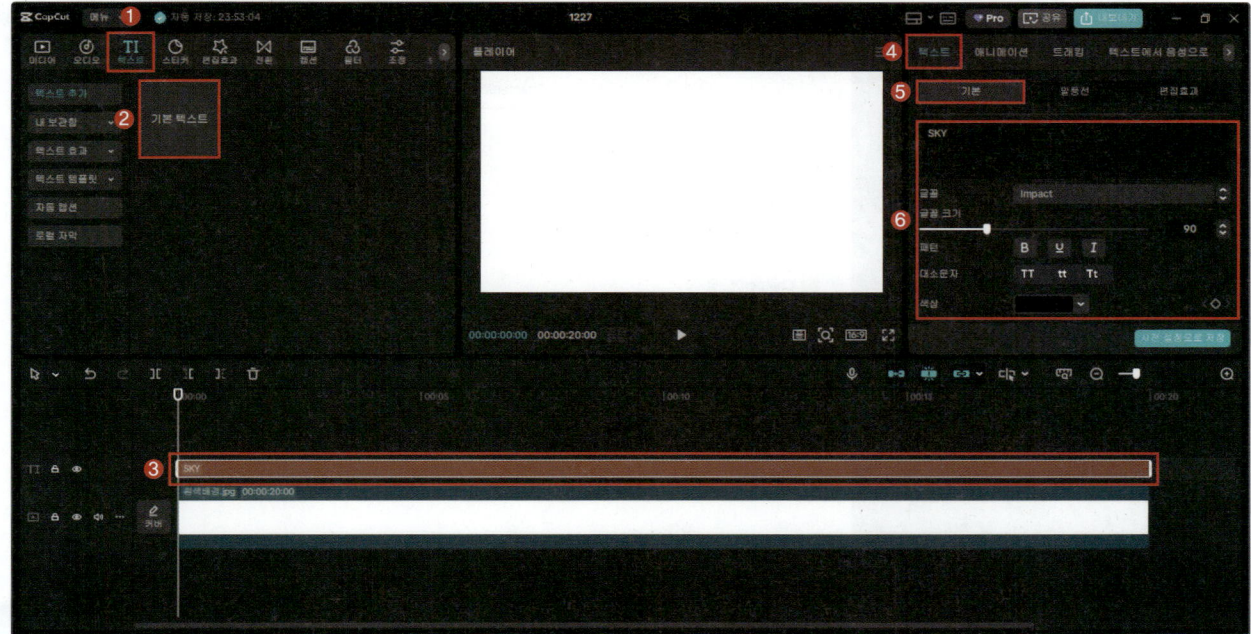

3. [애니메이션]–[인] 탭에서 '타자기'를 선택하고, 길이를 '6s'로 설정합니다. 프로젝트 이름을 '스카이'로 입력하고 [내보내기]를 클릭합니다.

4. [내보내기] 대화상자에서 📁[폴더 선택]을 클릭합니다. mp4 영상을 저장할 폴더를 지정하고, [폴더 선택]을 클릭한 후 [내보내기]를 클릭합다.

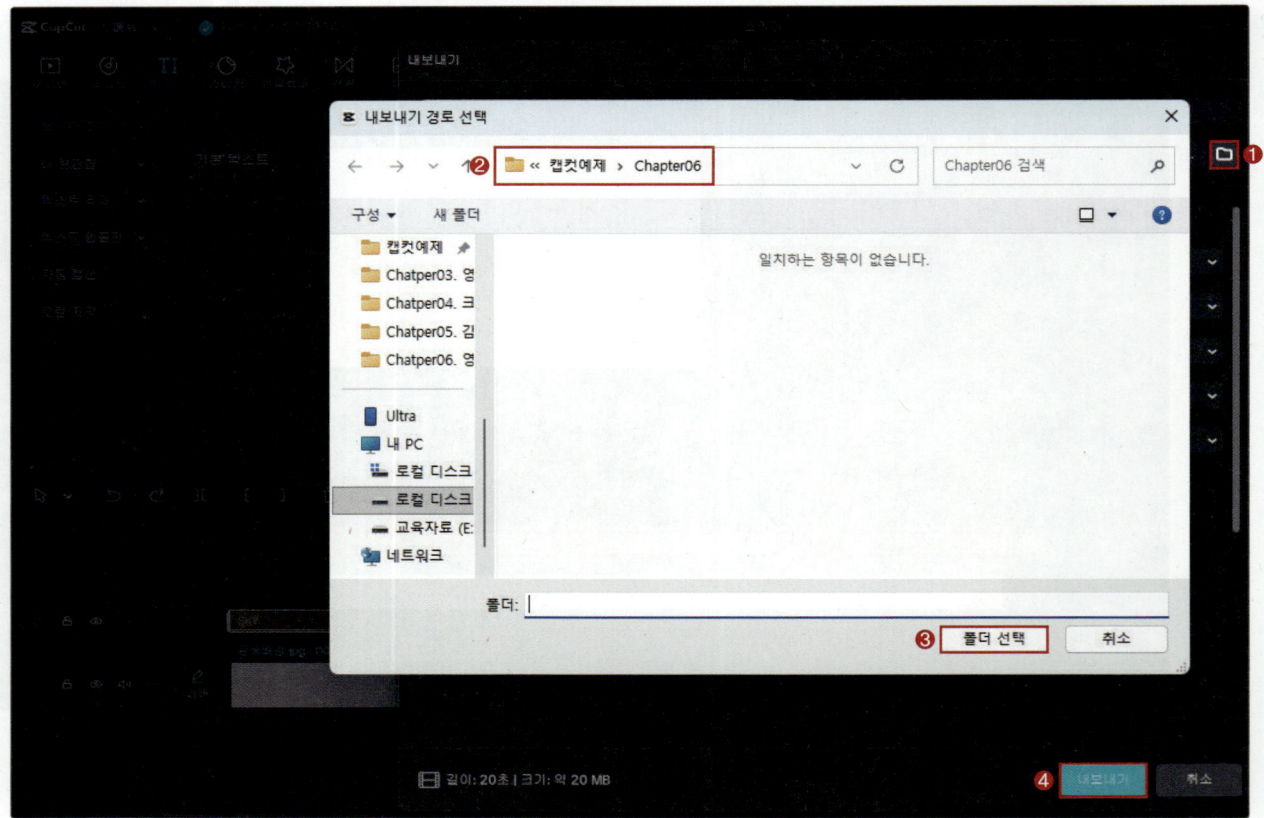

5. 새로운 프로젝트 창을 열기 위해 [메뉴]-[새 프로젝트]를 클릭한 후, 새 프로젝트 생성 유무를 묻는 대화상자가 나타나면 [확인]을 클릭합니다.

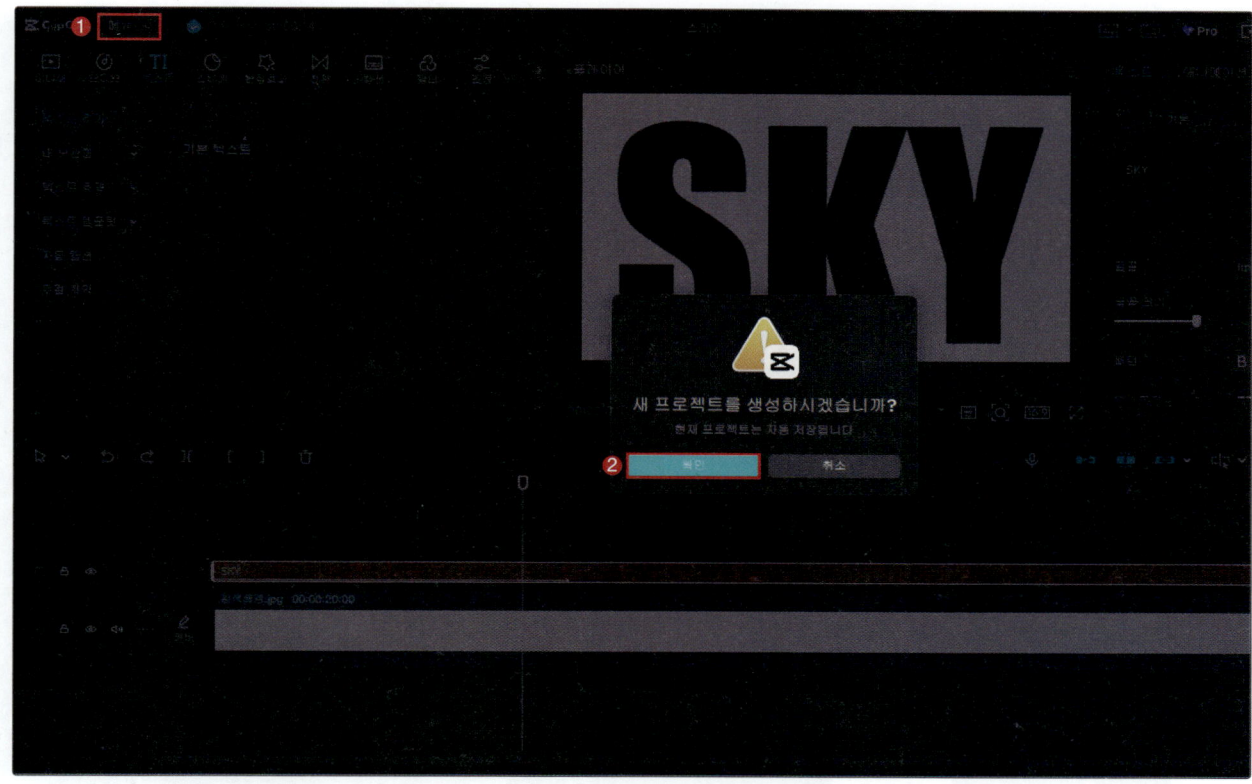

6. [미디어]-[가져오기]를 클릭하여 [캡컷예제]-[Chapter05] 폴더에서 '흰색배경', '스카이', '하늘' 영상을 불러온 다음, 흰색 배경을 메인 트랙에 추가합니다.

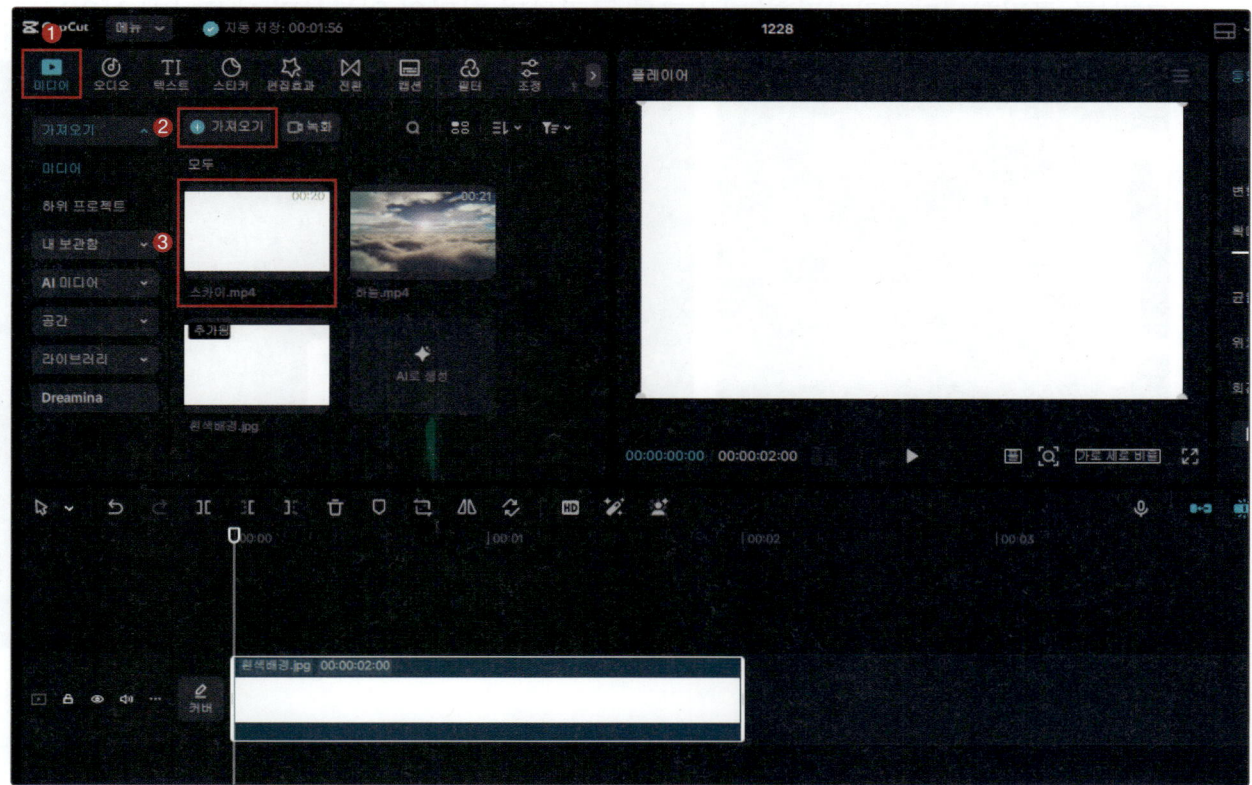

7. 스카이와 하늘 영상을 트랙에 드래그하여 오버레이한 다음, 하늘 영상의 👁[트랙 숨기기]를 클릭합니다. 재생 헤드를 텍스트가 모두 보이는 위치로 이동시킵니다.

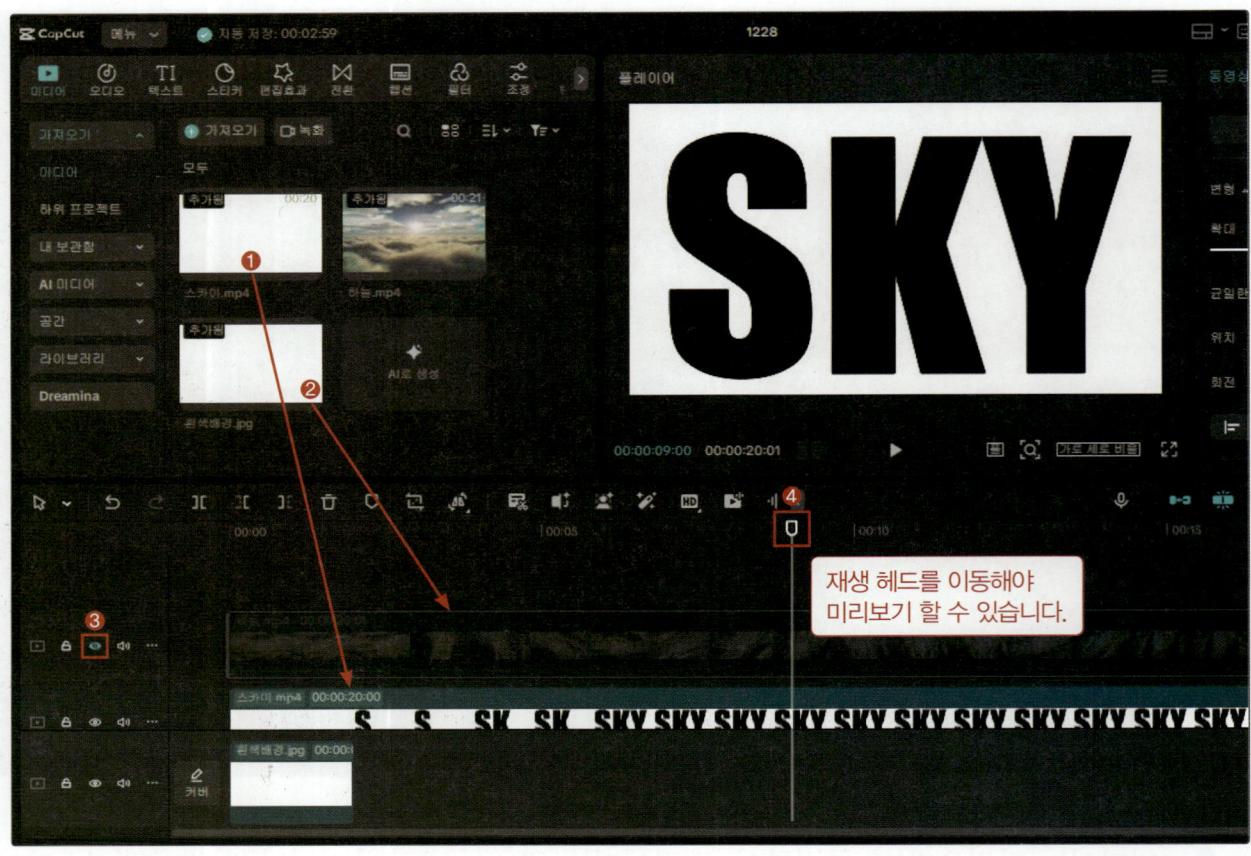

8. 마스크를 설정하기 위해 스카이 영상 클립을 선택한 다음, [동영상]-[마스크] 탭에서 [마스크 추가]를 클릭합니다. '직사각형' 마스크를 클릭하면 화면의 일부분만 네모나게 보입니다.

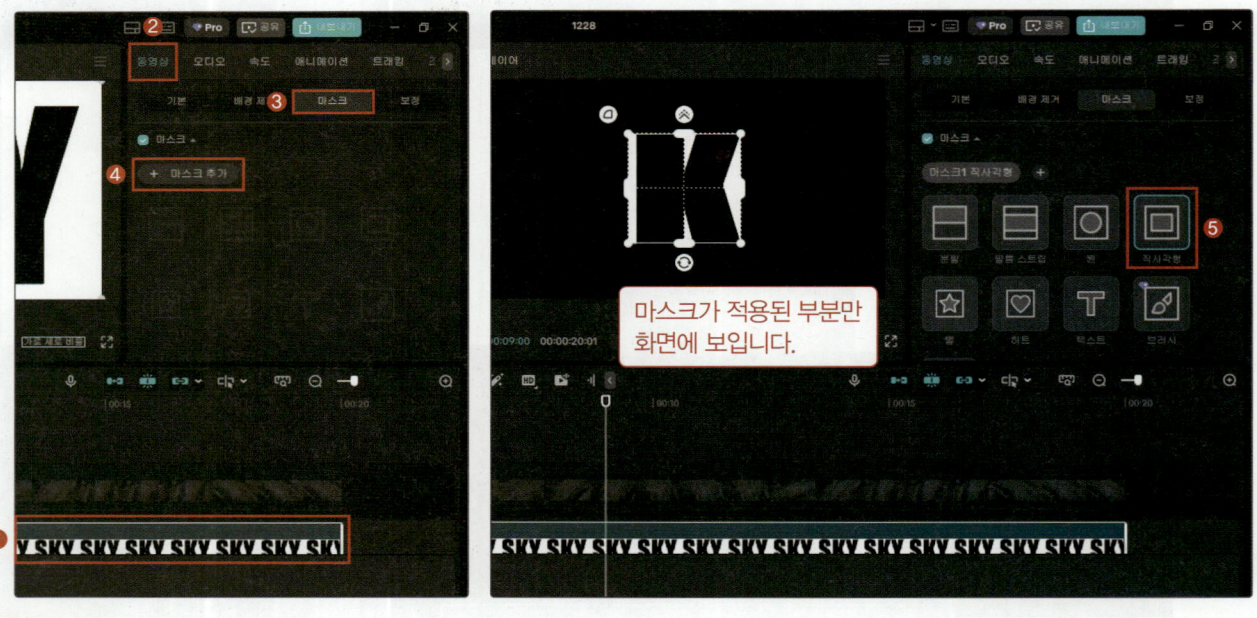

> **tip**
> **마스크 :** 영상이나 이미지의 일부분만 보이도록 설정하는 것을 말합니다.

9. 마스크 설정에서 크기의 X는 가로 '1700', 세로 '970'으로 설정하여 글자가 다 보이도록 합니다. 하늘 영상 클립을 선택한 다음. [동영상]-[기본] 탭에서 혼합의 모드를 '밝게 하기'로 설정합니다.

10. 하늘 영상 트랙의 ◉[추적 보기]를 클릭하여 영상이 화면에 보이게 하고, 흰색 배경 클립의 재생 시간을 텍스트 재생 시간에 맞춥니다. ▶ [재생]을 눌러 결과를 확인합니다.

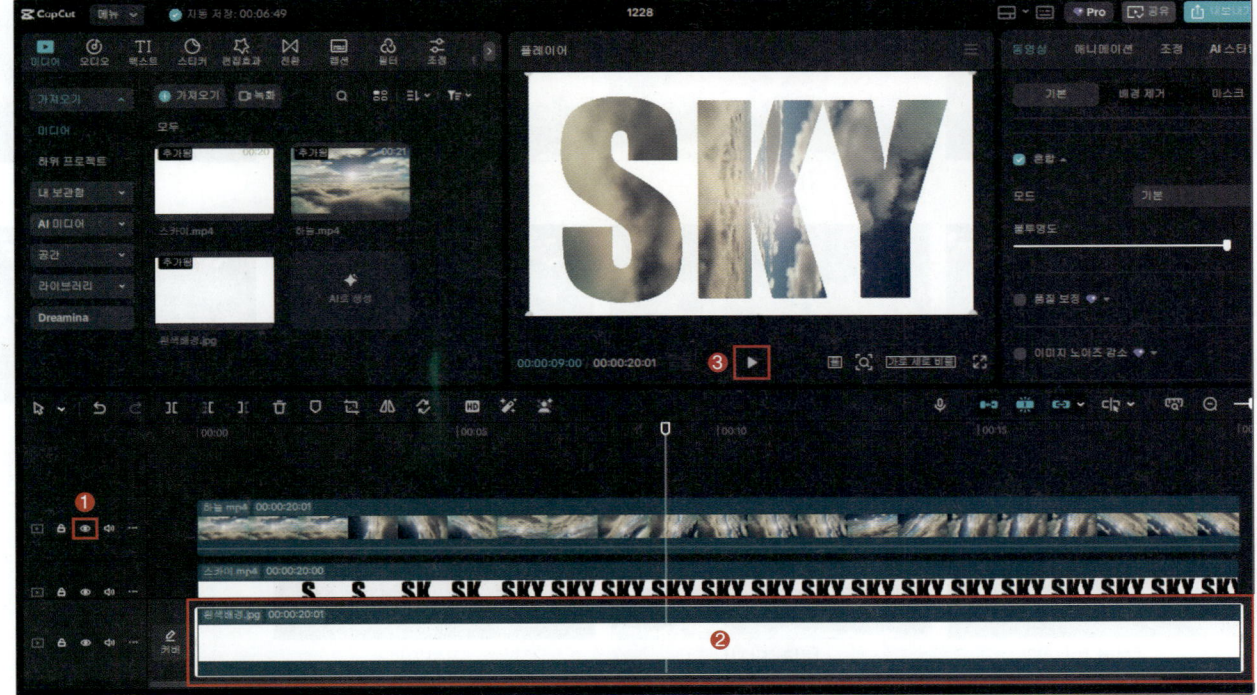

▶ 혼합 모드(Blend Mode)

위에 있는 영상이나 이미지가 아래 영상, 이미지와 어떻게 혼합되어서 보여지는지 정하는 기능으로, 밝기·색상·명암을 기준으로 두 화면을 계산해 새로운 화면을 만듭니다.

- **기본 :** 아무런 혼합 효과 없이 위에 레이어가 그대로 표시됩니다.

- **밝게 하기 :** 두 레이어 중 더 밝은 부분만 남겨 화면에 표시합니다.

- **화면 :** 어두운 부분은 사라지고 밝은 부분만 자연스럽게 남는 효과입니다.

- **어둡게 :** 두 레이어 중 더 어두운 부분만 남겨 화면에 표시합니다.

- **오버레이 :** 밝은 부분은 더 밝게, 어두운 부분은 더 어둡게 만들어 색감과 대비를 동시에 강조하는 혼합 모드입니다.

- **강한 빛 :** 화면 대비가 크게 강해져 선명하고 강렬한 효과가 나타납니다.

- **약한 빛 :** 강한 빛보다 훨씬 부드럽게 적용되어 전체 영상에 은은한 감성 보정 효과를 줍니다.

- **색 연소 :** 아래 영상의 밝기와 명암은 유지하고, 위에 레이어의 색상만 적용됩니다.

- **선형 번 :** 색이 점점 진해지며, 어두워지는 효과로 깊이감 있고 무거운 분위기 연출에 사용됩니다.

- **컬러 닷지 :** 밝은 영역을 더욱 강조해 빛이 번지는 듯한 화려한 효과를 만듭니다.

- **곱하기 :** 밝은 부분은 사라지고 어두운 부분이 강조됩니다. 텍스트 안 영상 표현에 자주 사용됩니다.

[기본] [밝게하기] [화면] [어둡게]

[오버레이] [강한 빛] [약한 빛] [색 연소]

[선형 번] [컬러 닷지] [곱하기]

1. [미디어]-[가져오기]를 클릭하여 예제 폴더에서 '검정배경'을 불러와 메인 트랙으로 추가합니다. [가로 세로 비율]을 클릭하여 [16:9]를 선택합니다.

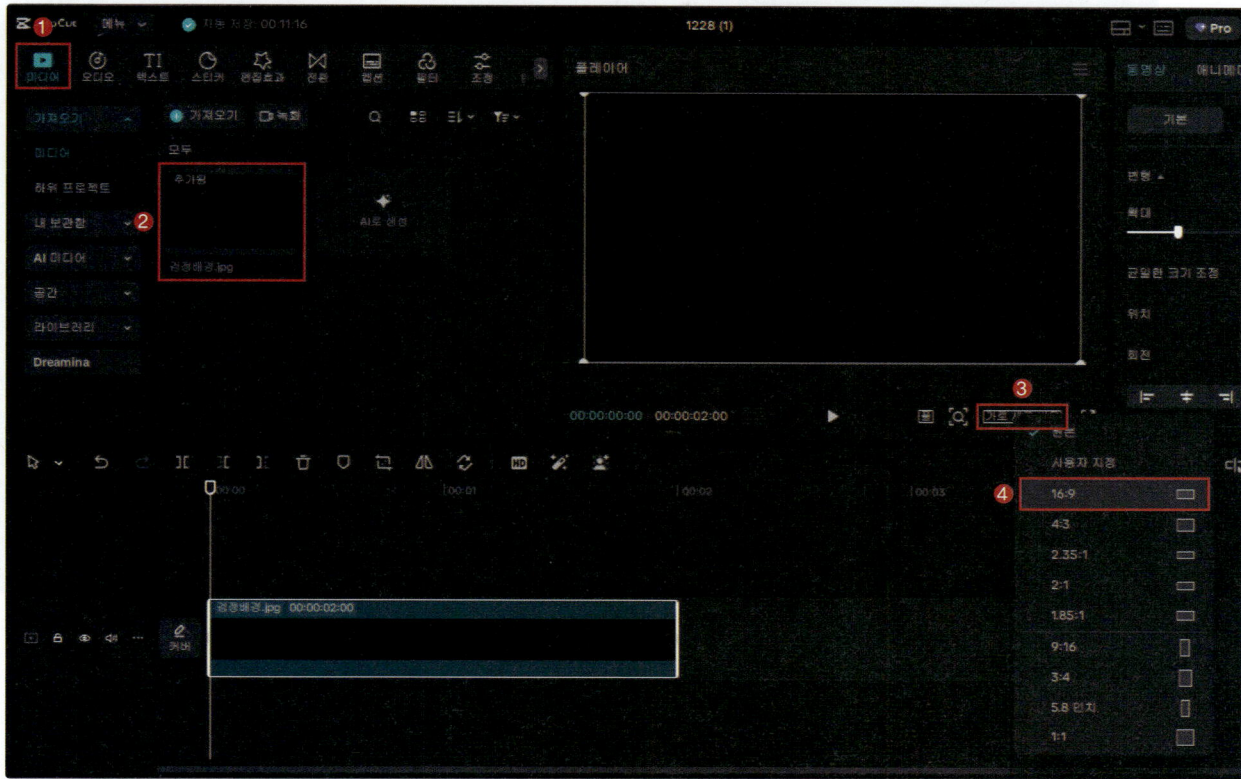

2. [텍스트]-[기본 텍스트]를 트랙에 추가한 다음, [기본] 탭에서 '떠나자'를 입력하고 글꼴 서식을 설정합니다. 글꼴은 '검은 고딕체', 크기는 '60'으로 설정합니다.

3. 배경과 텍스트 재생 시간을 9초에 맞춥니다. [애니메이션]-[인]을 클릭하여 원하는 애니메이션을 선택하고 길이를 '9s'로 조절합니다.

4. ▶ [재생]을 눌러 결과를 확인합니다. 프로젝트 이름을 "떠나자"로 입력하고, [내보내기]를 클릭하여 내보냅니다.

5. [메뉴]-[파일]-[새 프로젝트]를 클릭한 다음, 새 프로젝트 생성 유무 대화상자에서 [확인]을 클릭합니다.

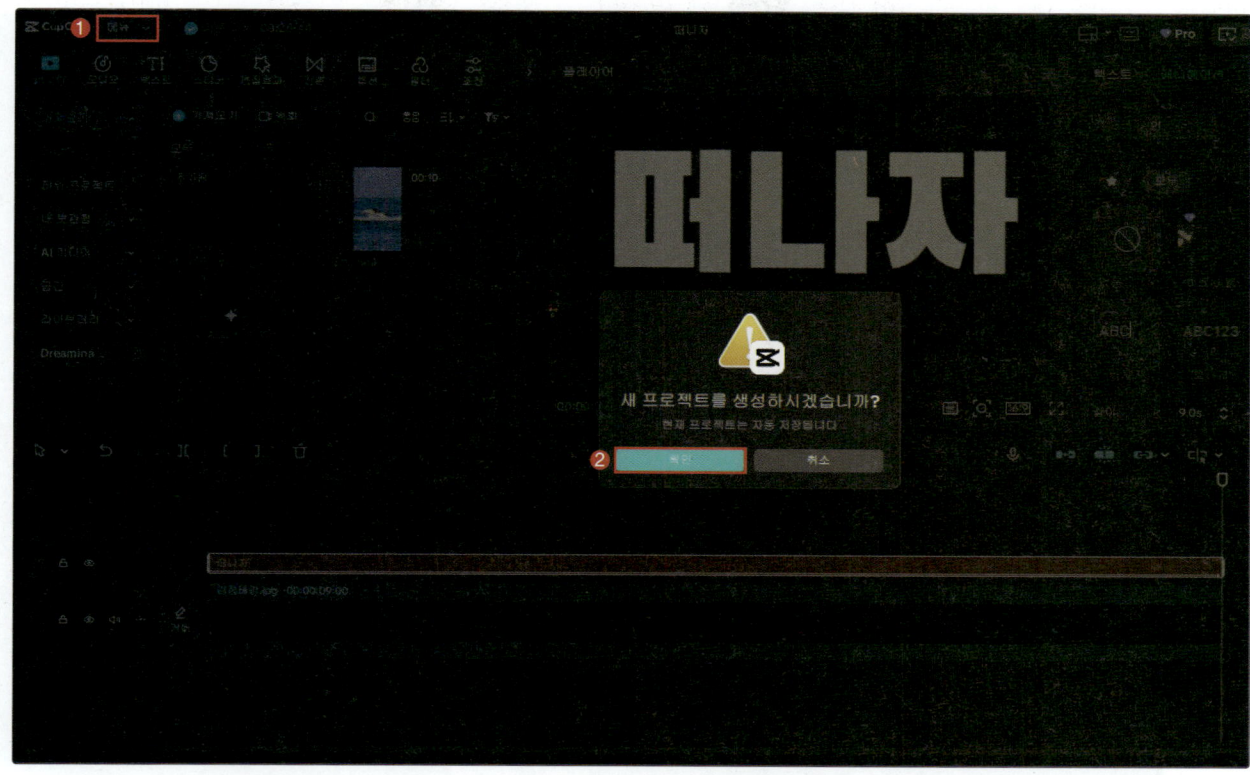

6. [미디어]-[가져오기]를 클릭하여 예제 폴더에서 다음과 같이 '보트', '스포츠', '비행기' 영상을 불러온 다음, '보트' 영상의 ⊕[트랙에 추가]를 클릭합니다.

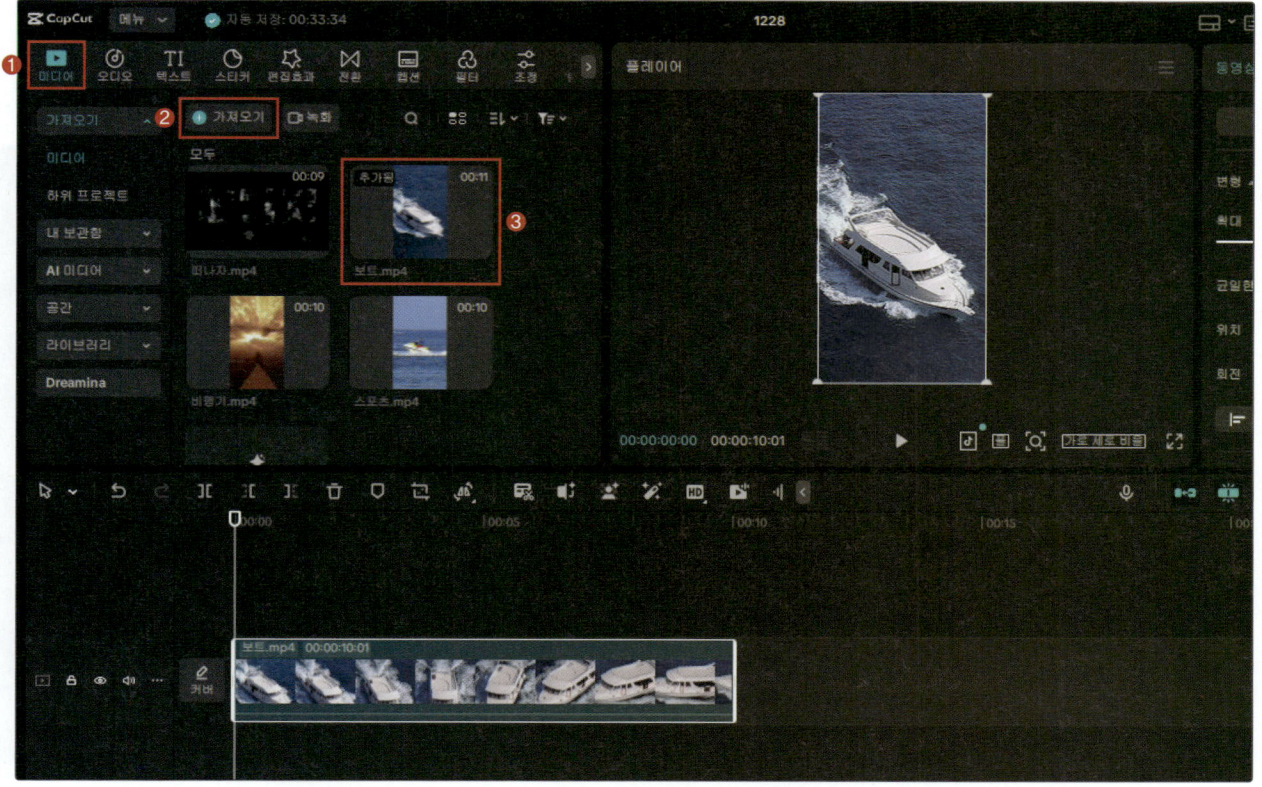

7. [가로 세로 비율]을 클릭하여 [16:9]로 화면 비율을 조절합니다. 보트 영상을 화면 왼쪽에 배치합니다.

tip

새 프로젝트에서 처음 추가하는 미디어는 메인 트랙에 추가됩니다.

8. 같은 방법으로 나머지 영상을 다음과 같이 트랙에 추가하고 화면에 배치합니다.

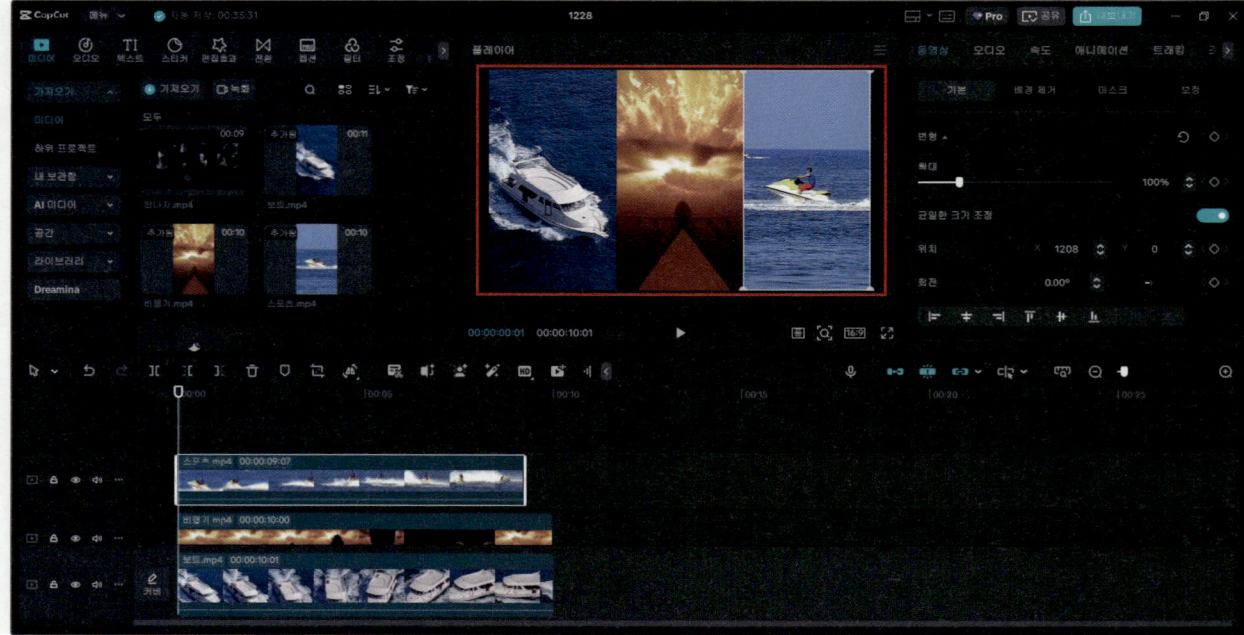

9. '떠나자' 영상을 트랙 맨위로 드래그하여 오버레이 합니다. 스포츠 영상 클립을 선택한 후 [동영상]-[마스크]-[마스크 추가]를 클릭하여 '직사각형'을 클릭합니다.

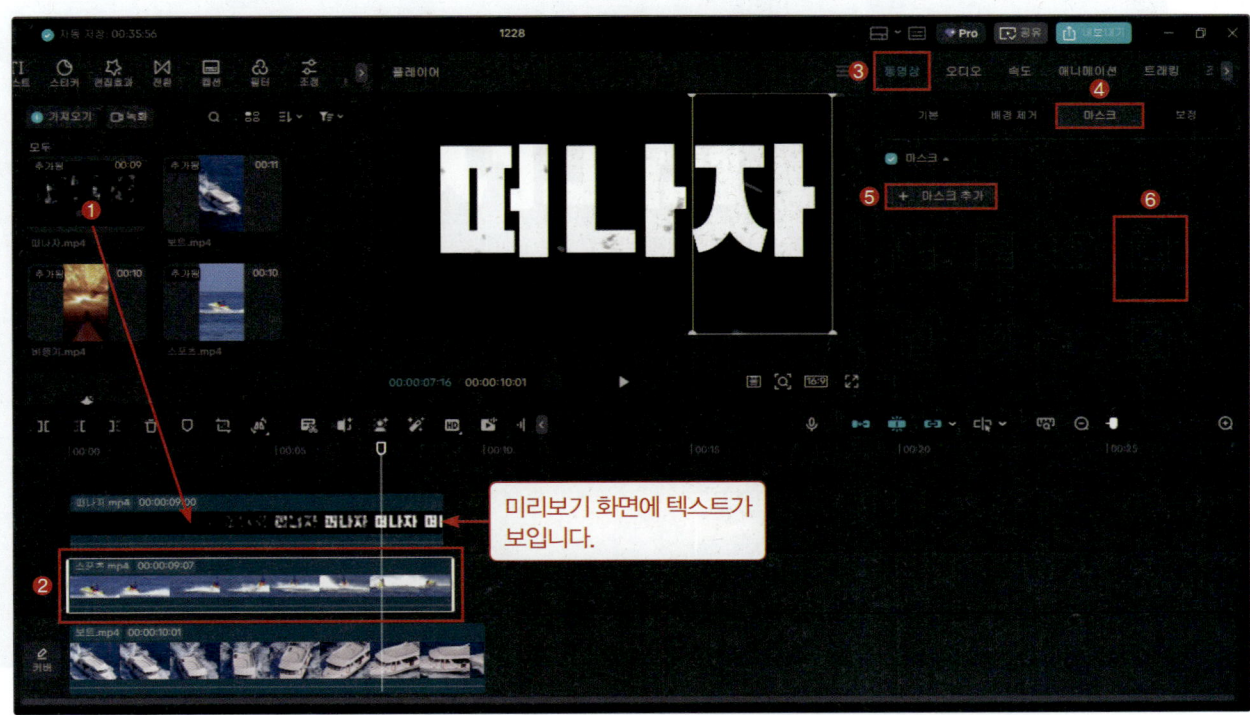

미리보기 화면에 텍스트가 보입니다.

10. [마스크] 탭의 이동 막대를 아래로 드래그합니다. [마스크 설정]에서 위치와 크기를 다음과 같이 설정하여 마지막 글자 크기에 맞게 마스크를 조절합니다.

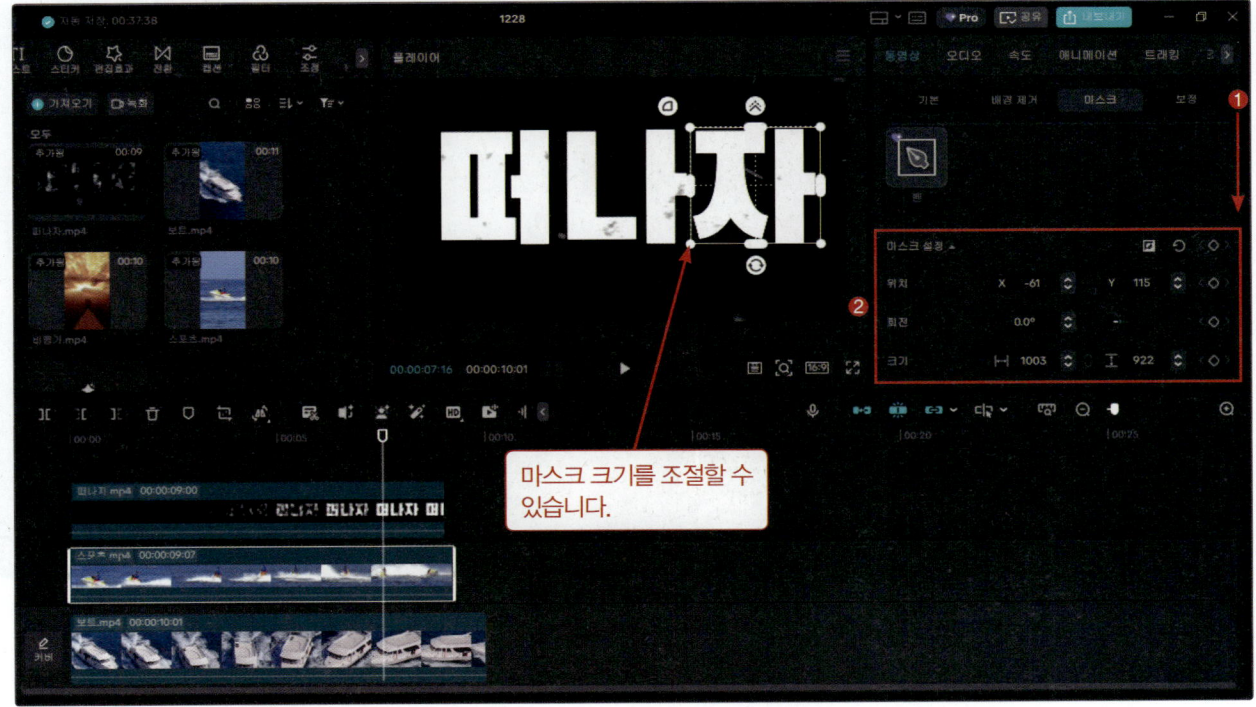

마스크 크기를 조절할 수 있습니다.

11. '비행기' 영상 클립을 선택한 다음, [동영상]-[마스크]에서 [마스크 추가]를 클릭합니다.

12. 직사각형 마스크 영역을 가운데 글자 크기에 맞춥니다.

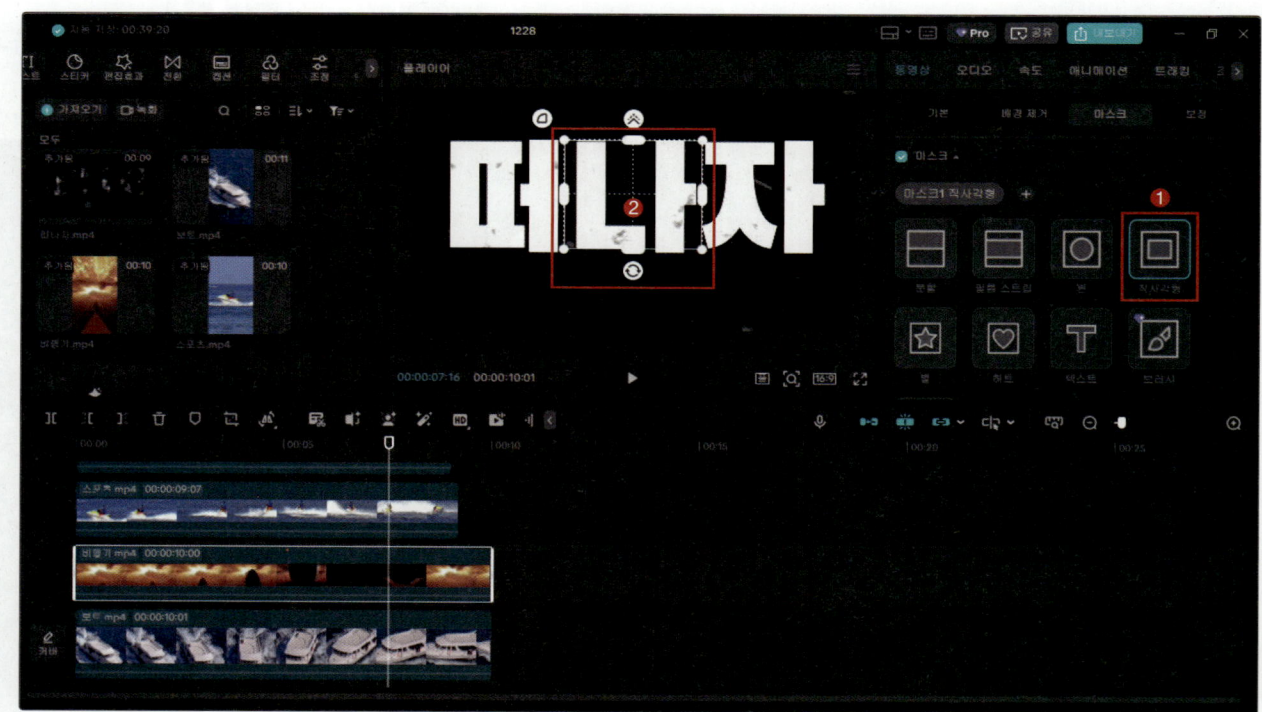

13. 같은 방법으로 보트 영상 클립을 선택하여 다음과 같이 직사각형 마스크를 설정합니다.

14. '떠나자' 영상 클립을 선택한 다음, [동영상]−[기본] 탭에서 혼합 모드를 [곱하기]로 설정합니다. 영상의 끝부분을 모두 맞춘 다음, ▶ [재생]을 눌러 결과를 확인합니다.

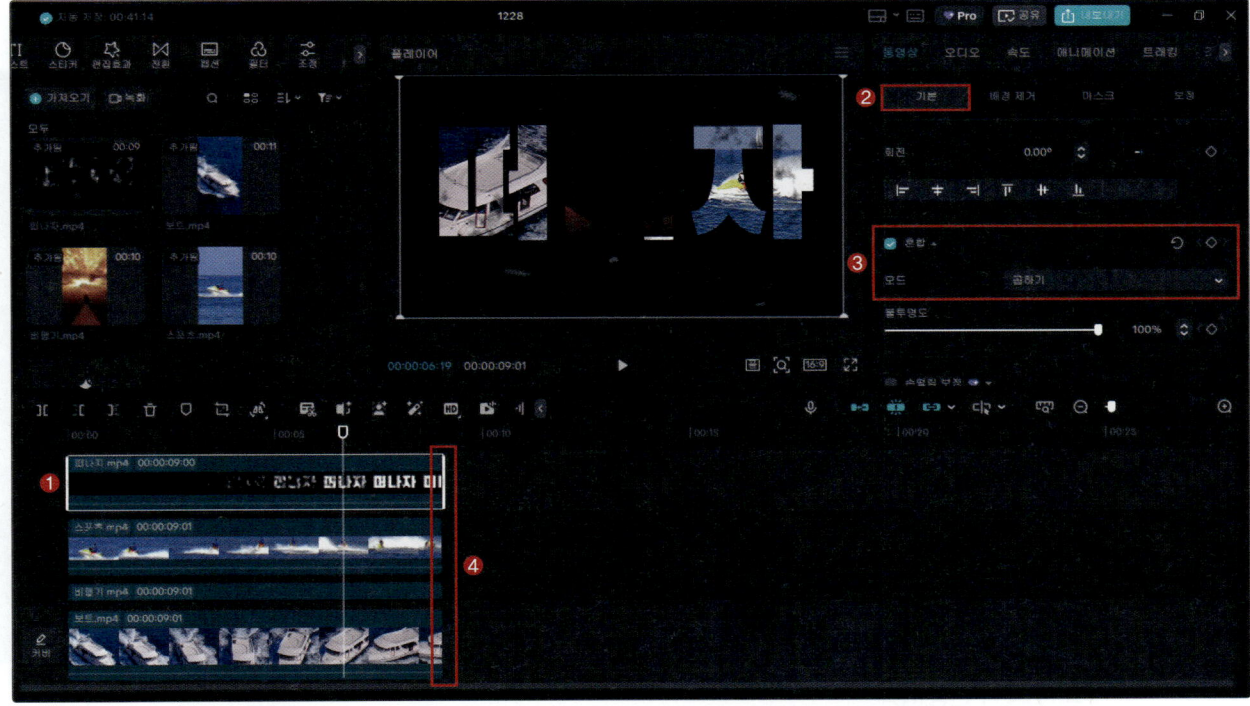

혼자 풀어보기

1 흰색 배경에 텍스트를 삽입하여 원하는 애니메이션 효과를 설정하고, 프로젝트명을 korea로 입력해 내보내기 해보세요.

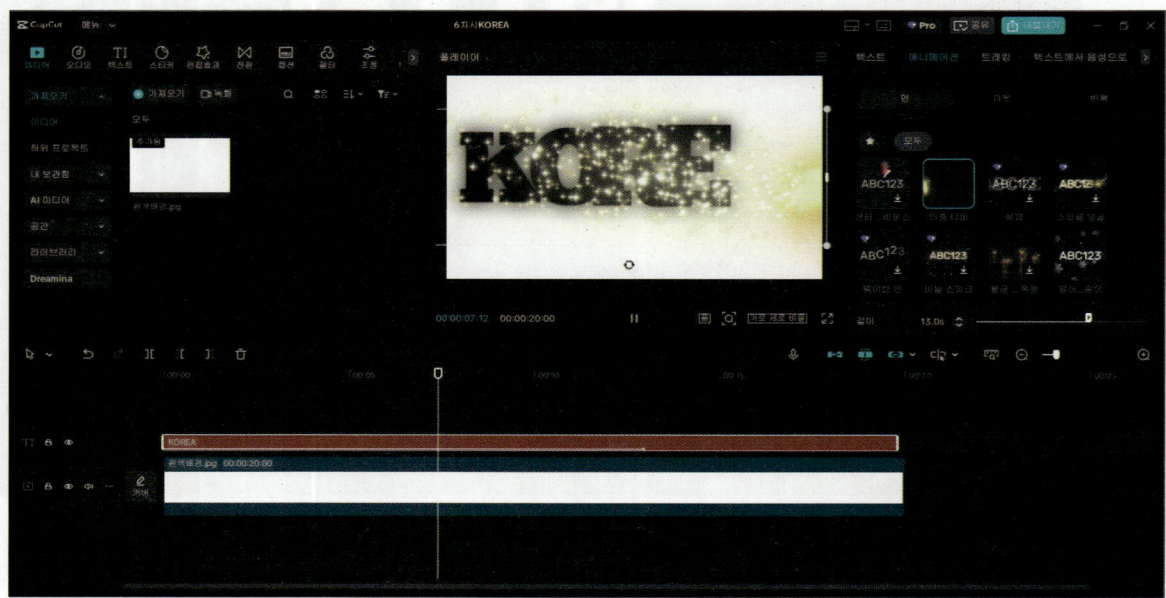

2 korea 텍스트 영상을 불러와 석양 영상과 오버레이 효과를 설정해 다음과 같이 영상을 만들어보세요.

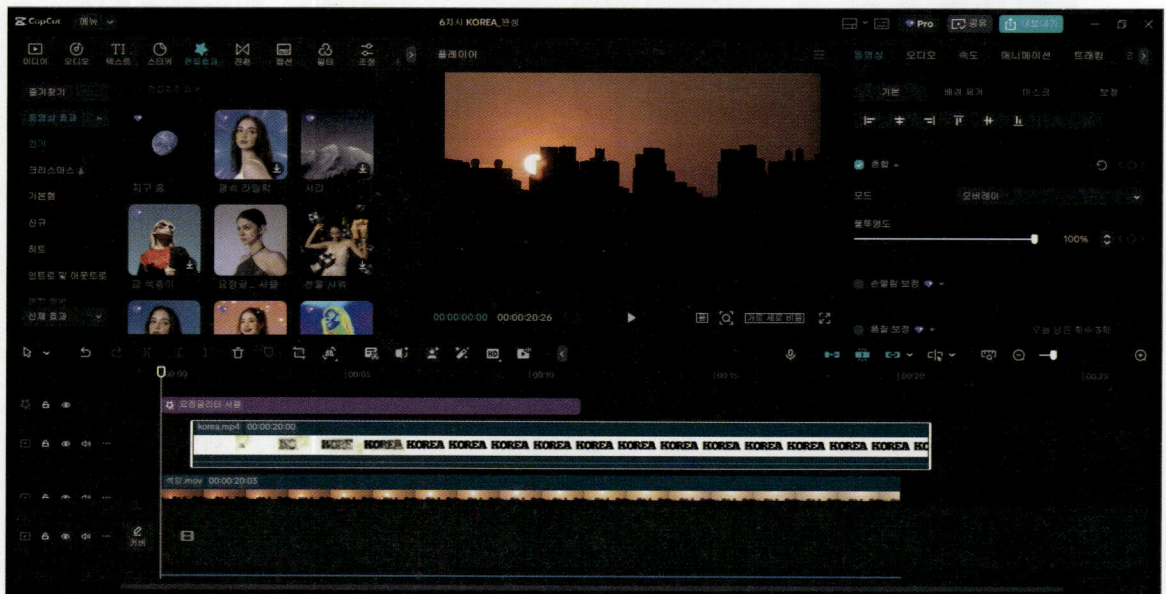

▲ KOREA_완성.mp4

 두 개의 영상을 혼합 모드(곱하기)를 이용하여 합성해보세요.

▲ 준비파일 : 노을.MP4, 파도.mp4
노을_완성.mp4

 반복(회전) 애니메이션이 적용된 텍스트 영상을 제작하여 스포츠(완성) 파일과 혼합모드로 합성해보세요.

▲ 준비파일 : 스포츠(완성).mp4
힐링_완성.mp4

SECTION 07

키프레임으로
고급스런 앨범 만들기

키프레임으로 화면의 움직임과 변화를 설정하고, 마스크로 보이는 영역을 조절하여 영상의 움직임과 보이는 영역을 단계적으로 조절함으로써, 영상속 사진이나 텍스트가 자연스럽게 나타나고, 사라지는 자연스러운 영상을 만들 수 있습니다.

▲ 꽃_완성.mp4

1 이미지 자르기

1. [미디어]-[가져오기]를 클릭합니다. 나타난 [미디어 리소스 선택] 대화상자의 [캡컷예제]-
[Chapter07] 폴더에서 다음과 같이 이미지를 선택하고 [열기]를 클릭합니다.

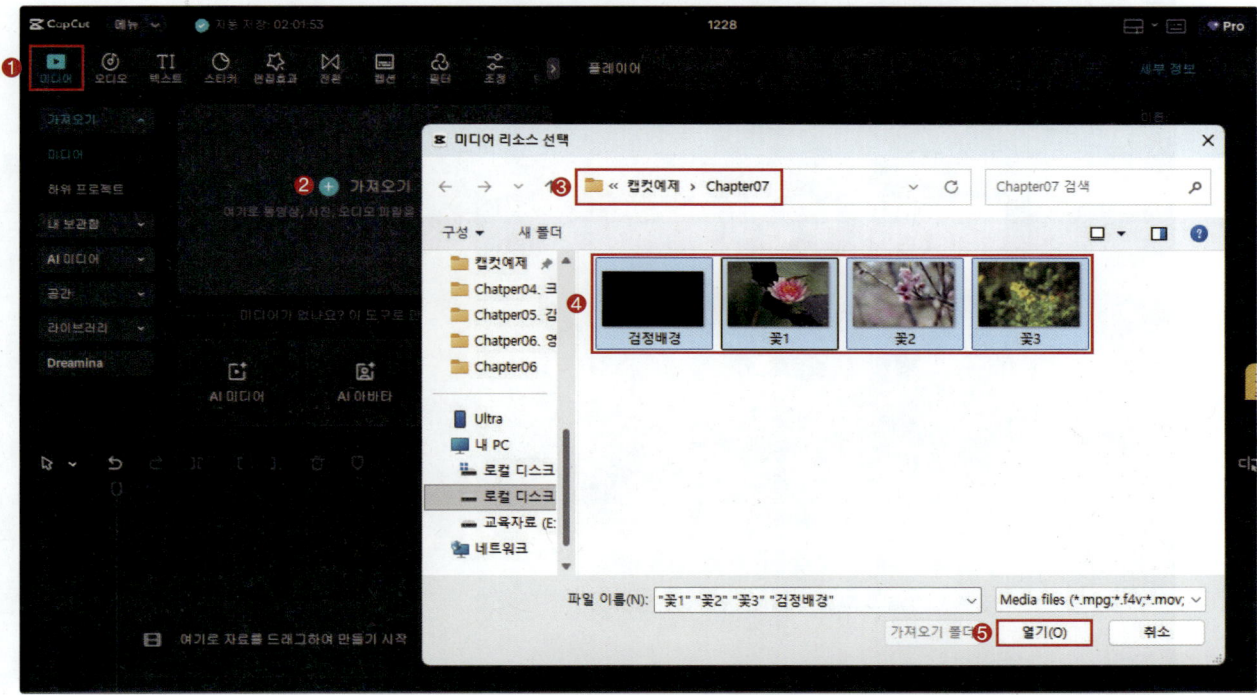

2. 배경으로 사용할 검정배경의 ⊕[트랙에 추가]를 클릭하여 메인 트랙에 추가합니다. '꽃1'을 메
인 트랙 위로 드래그하여 오버레이합니다.

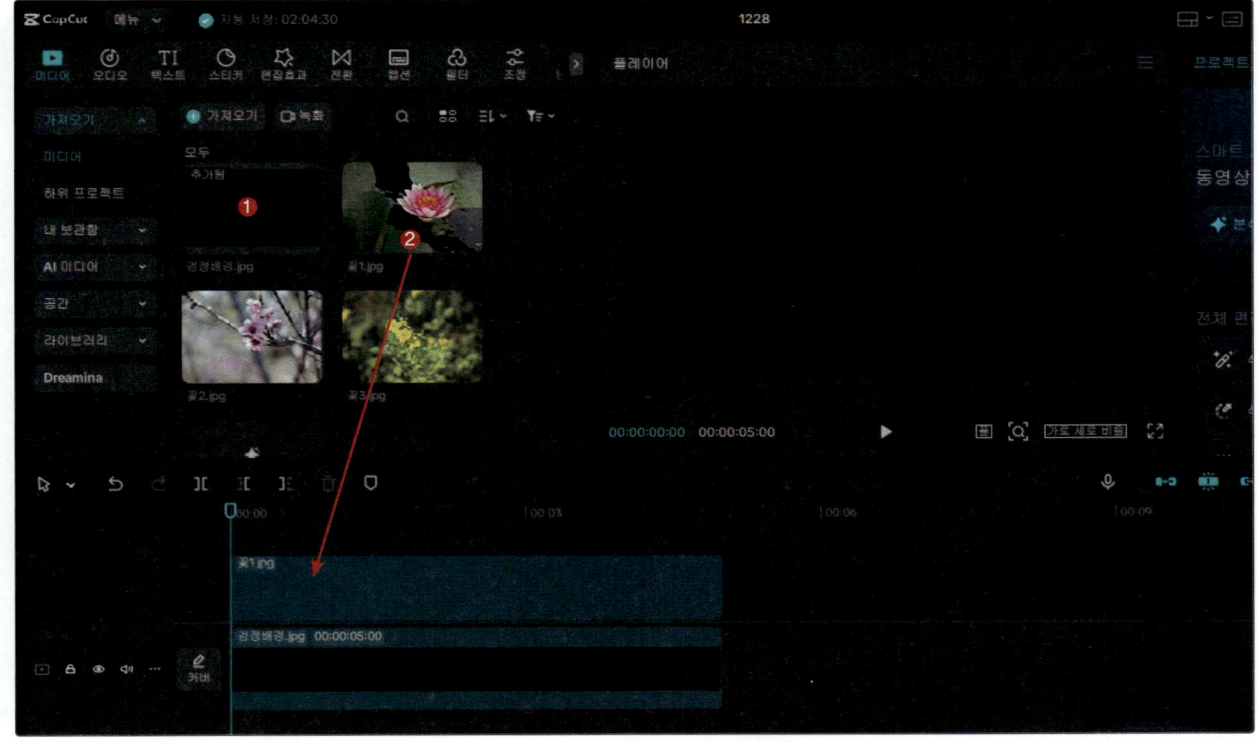

3. 두 클립의 길이가 같아지도록 재생 시간을 모두 6초로 맞춥니다. 이미지를 자르기 위해 '꽃1' 클립을 선택한 다음, ⤢[자르기]를 클릭합니다.

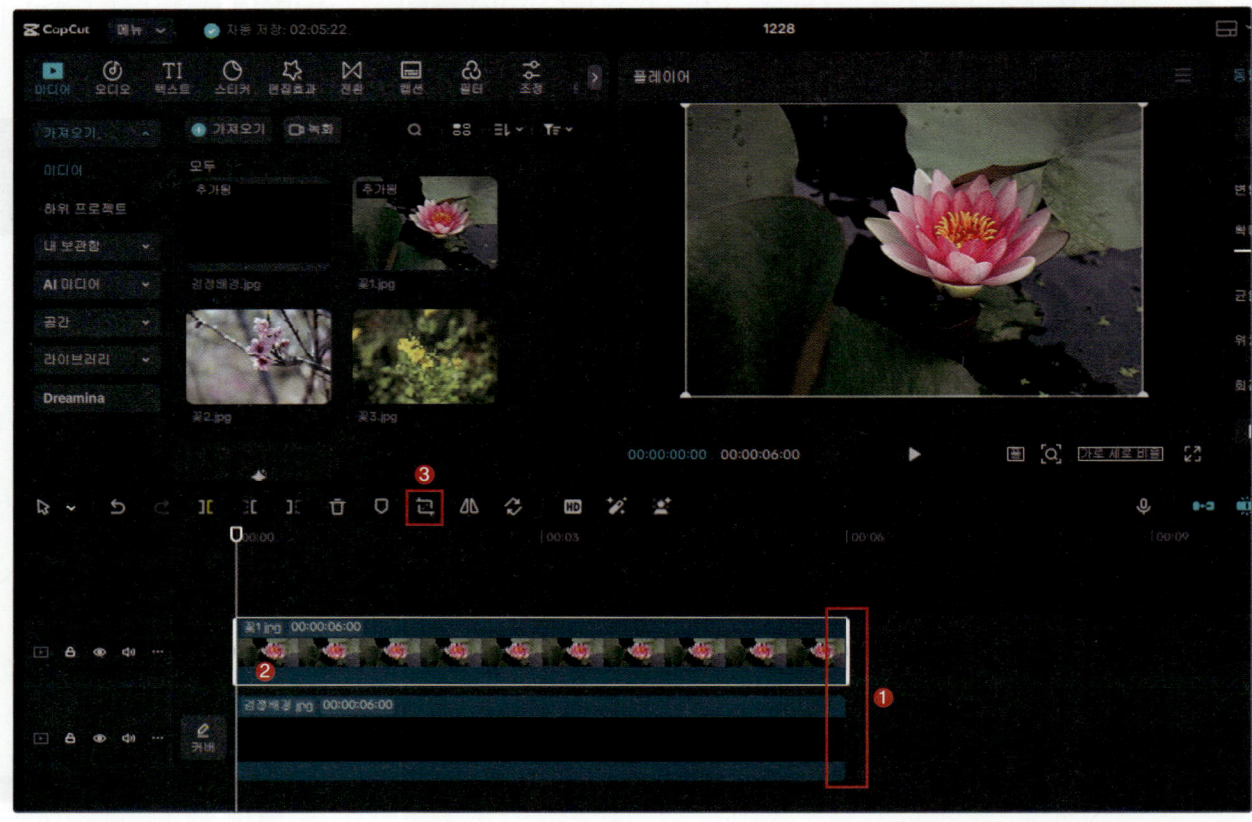

4. [자르기] 창에서 [자르기]-[9:16]을 선택하고, 꽃이 잘 보이도록 영역을 이동하여 맞춘 후 [확인]을 클릭합니다.

5. 사진의 전체적인 크기를 줄이기 위해 [동영상]−[기본] 탭에서 확대를 '95%'로 설정합니다.

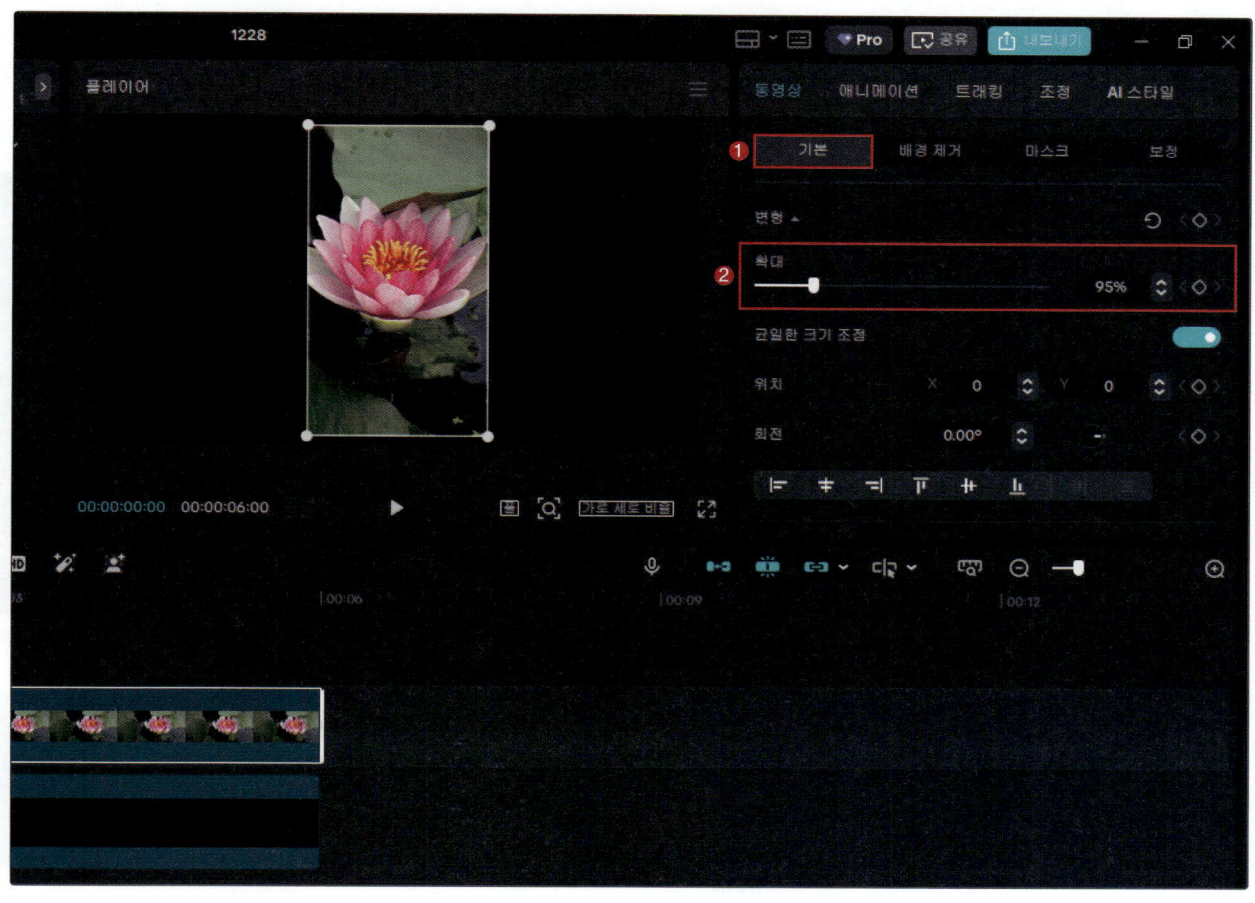

tip

자르기 : 이미지를 원하는 비율로 자르거나 회전할 수 있습니다. [초기화]를 클릭하면 원본 비율로 다시 되돌립니다.

② 키프레임 설정하기

1. 이미지를 화면 오른쪽 밖으로 이동시키기 위해 [기본] 탭에서 위치의 X 값을 '2500'로 설정하고, ◆[키프레임 추가]를 클릭합니다.

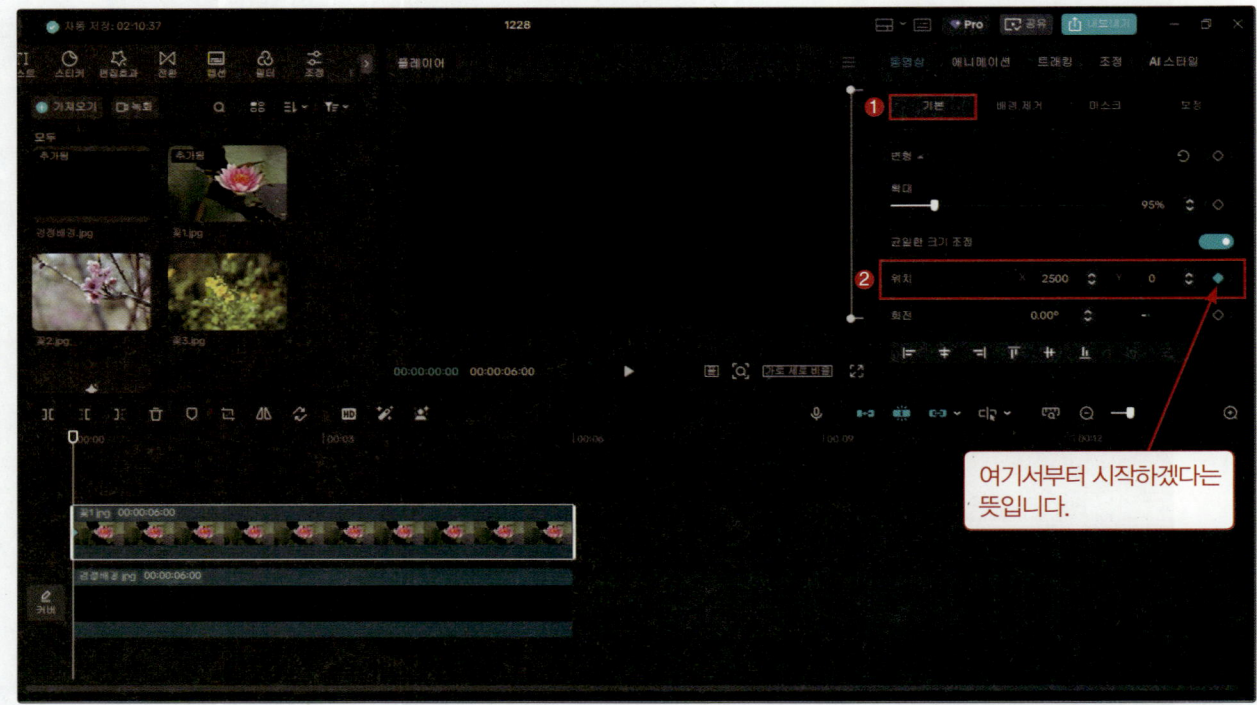

여기서부터 시작하겠다는 뜻입니다.

2. 재생 헤드를 1초로 이동시키고, X 위치 값을 '-1235'로 설정합니다. 이미지 트랙에 자동으로 키프레임이 적용되고, 이미지가 편집 화면 왼쪽으로 이동됩니다.

키프레임이 적용됩니다.

3. 이미지의 색감을 바꾸기 위해 [조정]-[기본] 탭에서 채도의 ◆[키프레임 추가]를 클릭합니다.

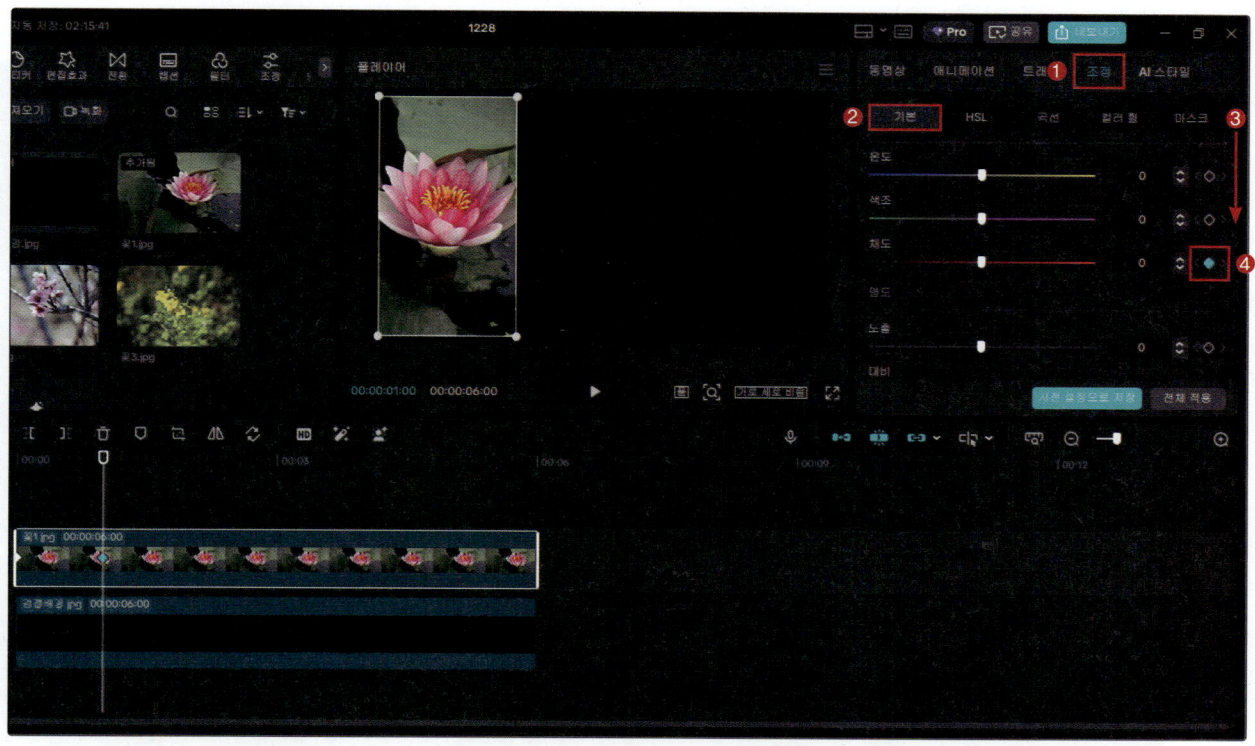

4. 재생 헤드를 2초로 이동합니다. [조정]-[기본] 탭에서 채도의 ◆[키프레임 추가]를 클릭한 후 채도값을 '-50'으로 설정하면, 채도가 낮아지면서 이미지가 서서히 흑백으로 변하게 됩니다.

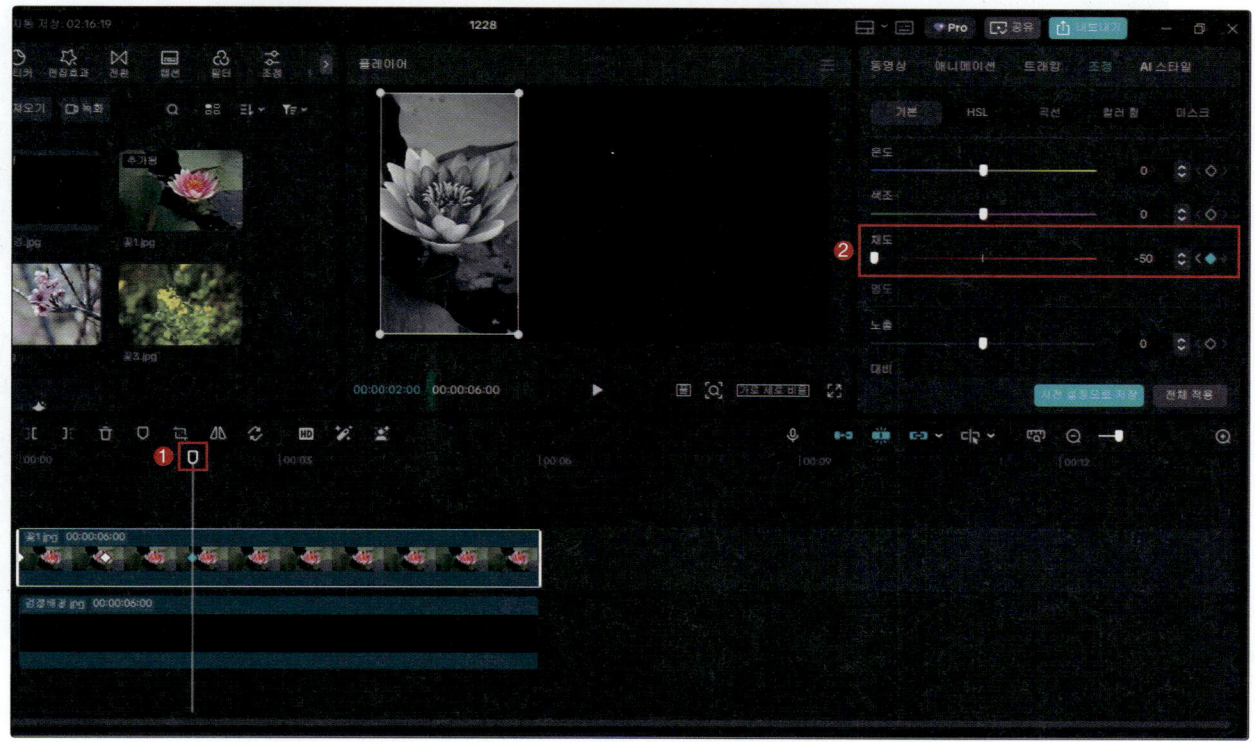

5. Alt 키를 누른 상태로 이미지 트랙을 위로 드래그하여 다음과 같이 복사하고, 영상 시작 시간을 2초에 맞춥니다.

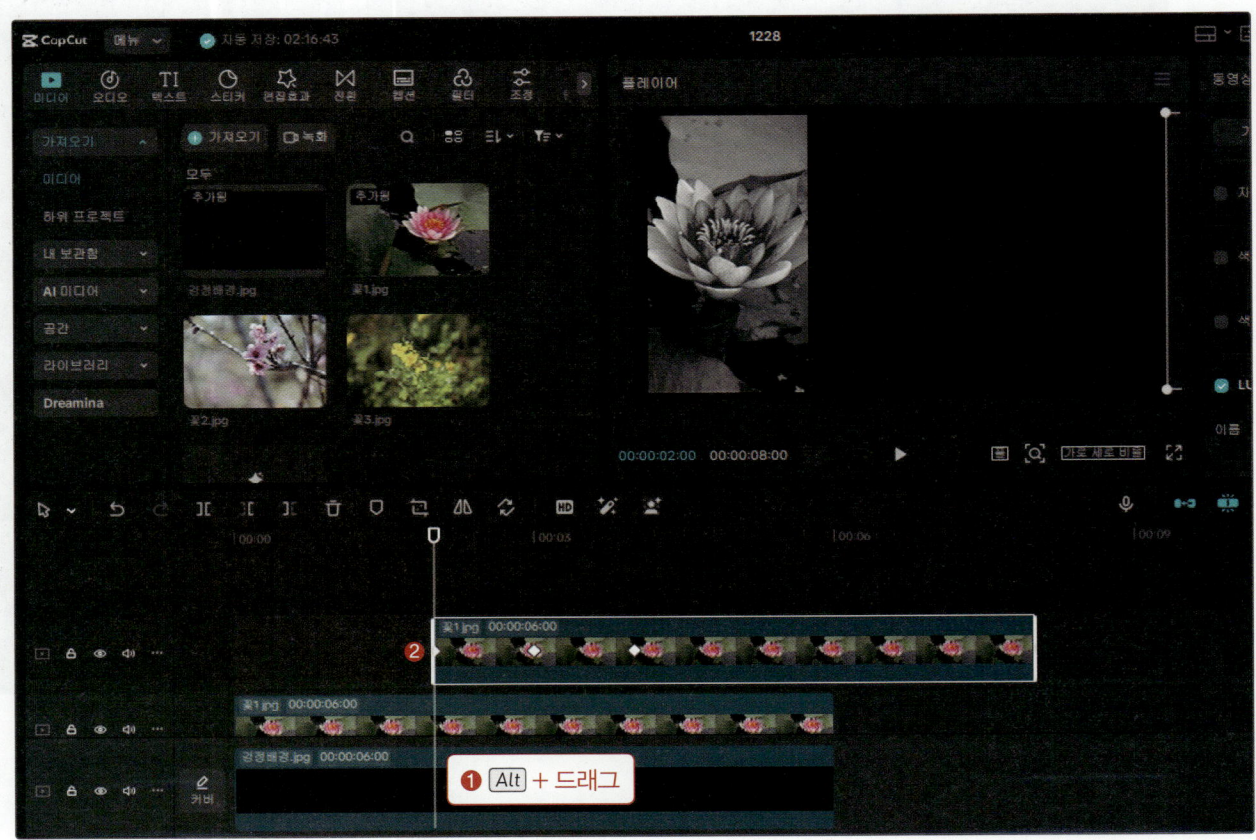

6. 이미지를 교체하기 위해 '꽃2' 이미지를 두 번째 이미지 클립 위로 드래그합니다. [교체] 창에서 [클립 교체]를 클릭합니다.

> **tip** 클립 교체는 두 개의 클립 길이가 같아야 교체할 수 있습니다.

7. 꽃2 클립의 두 번째 키프레임을 선택합니다. [동영상]-[기본] 탭에서 위치의 X 값을 '0'으로 설정하여 이미지를 화면 가운데로 오도록 합니다.

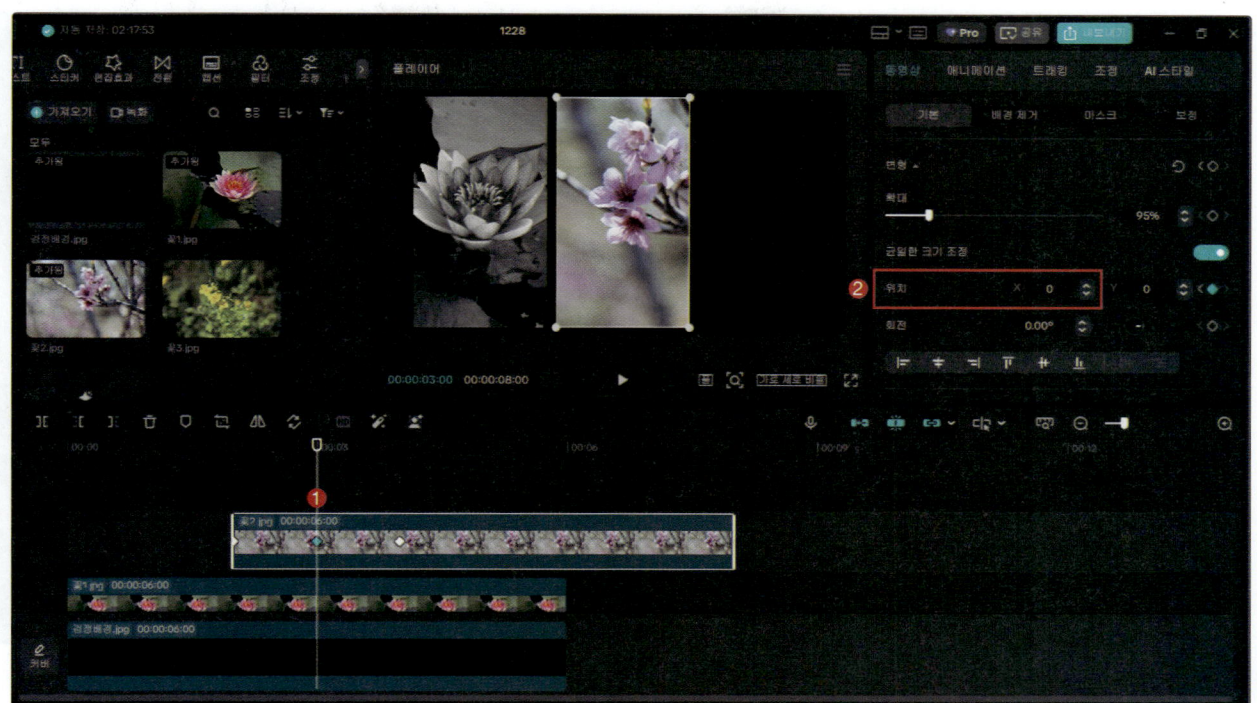

tip 키프레임을 선택하고 Delete 키를 눌러 삭제할 수 있습니다.

8. 같은 방법으로 이미지 클립을 4초 위치로 하나 더 복사합니다. '꽃3'을 드래그하여 [교체] 창에서 [클립 교체]를 클릭합니다.

9. 꽃3 클립의 두 번째 키프레임을 선택하고, [동영상]−[기본] 탭에서 X 값을 '1214'로 설정합니다. 모든 클립의 재생 시간을 9초에 맞춰 정돈합니다.

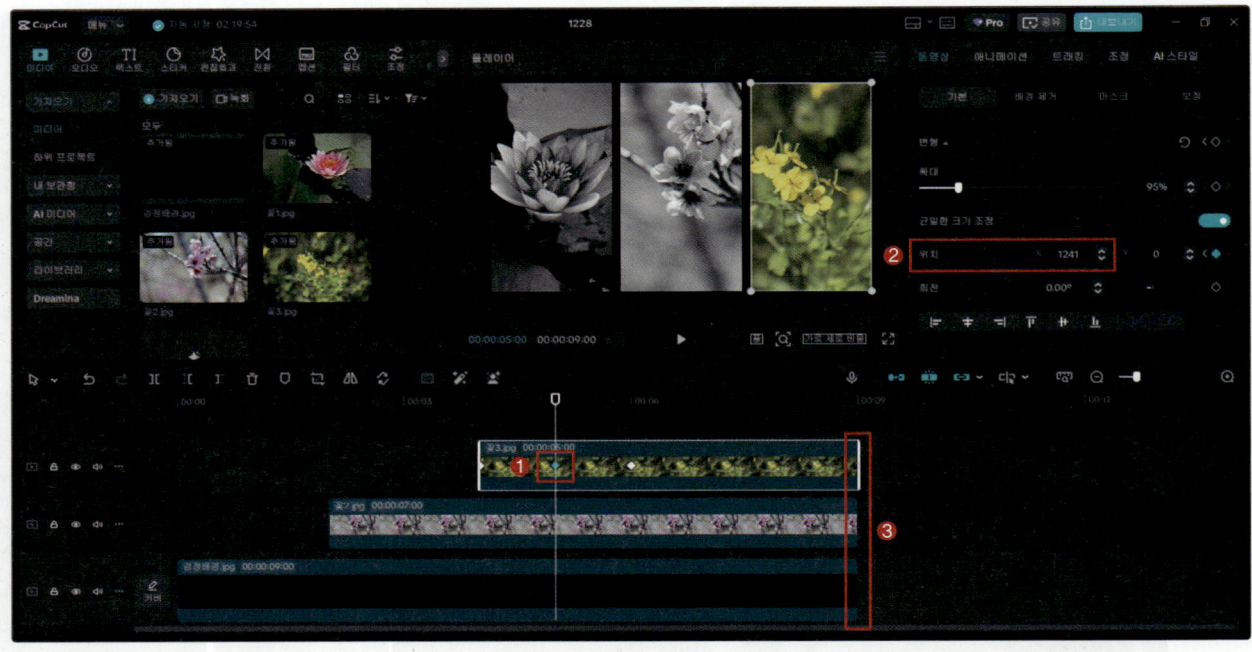

10. ▶[재생]을 눌러 결과를 확인합니다. 이미지가 왼쪽에서 오른쪽으로 이동하며, 서서히 흑백 사진으로 변하는 영상이 완성되었습니다.

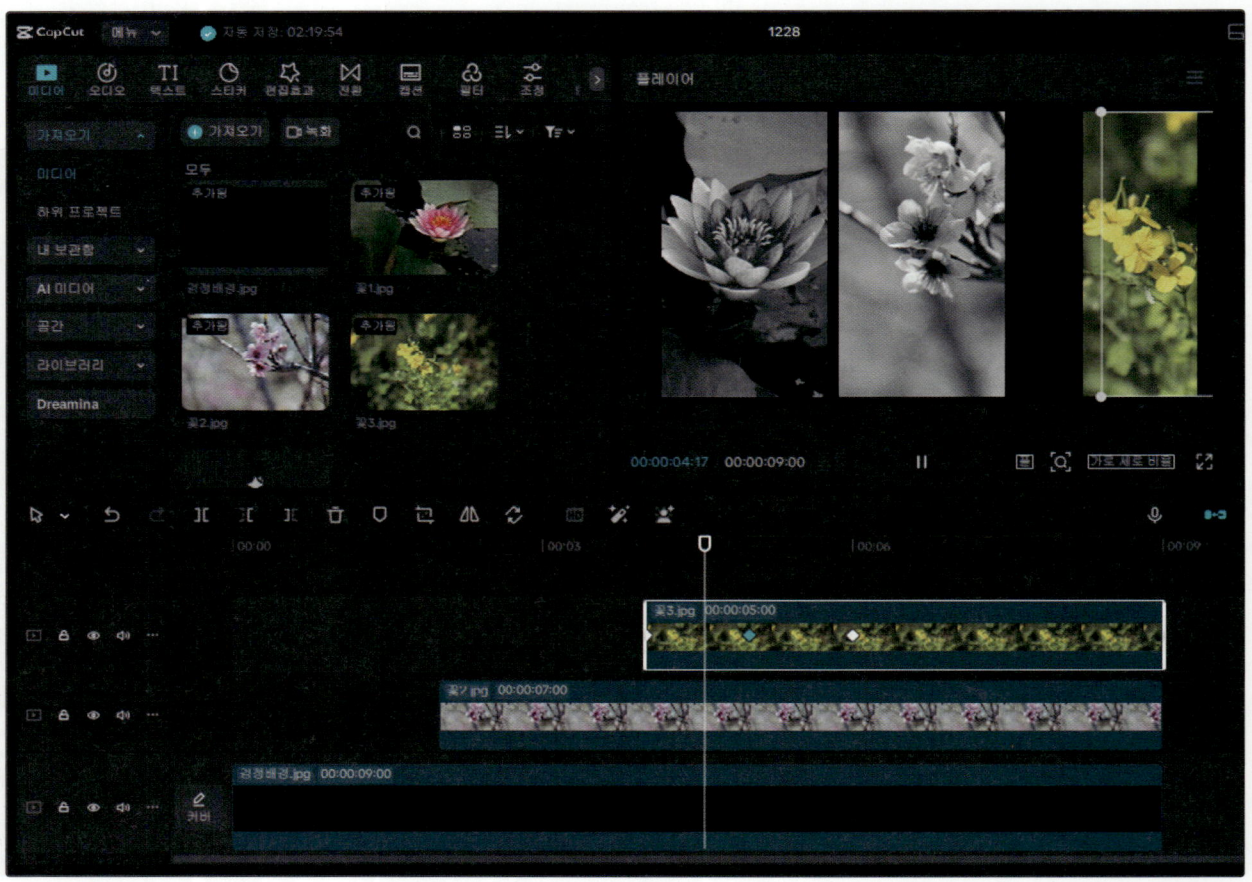

1. 재생 헤드를 7초에 위치시키고 [텍스트]-[기본 텍스트]를 클릭합니다. "flower"를 입력하고 글꼴을 'Serif', 크기는 '25'로 설정합니다.

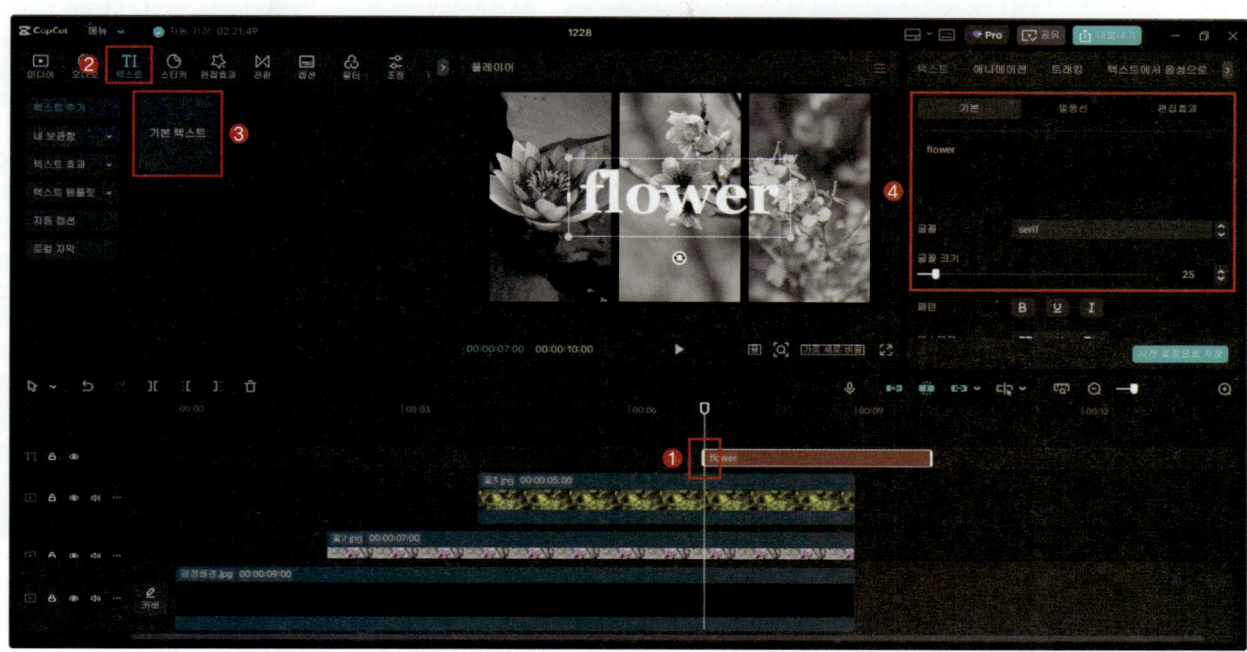

2. [기본] 탭의 이동 막대를 아래로 드래그하여 사전 설정 스타일의 ▼[표시]를 클릭한 다음, 네온 빛의 스타일을 클릭합니다.

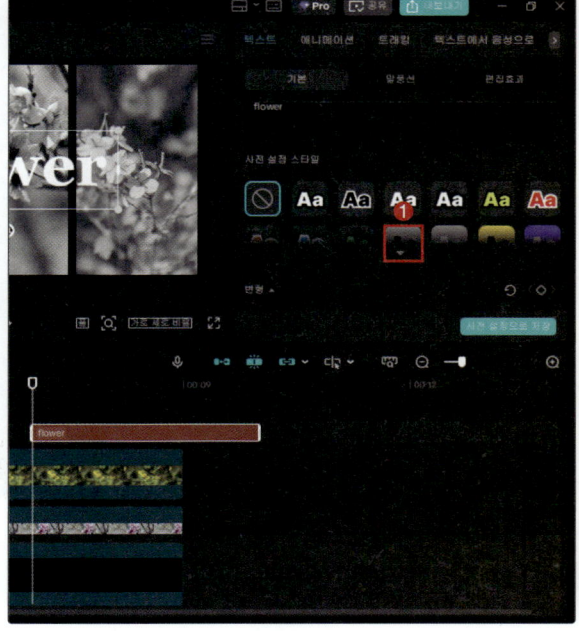
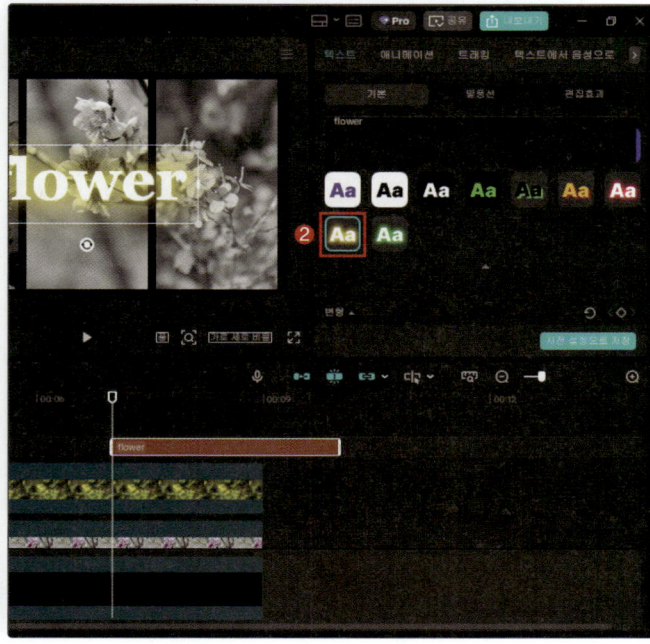

3. 텍스트에는 직접 마스크를 설정할 수 없으므로, 먼저 복합 클립으로 만들어야 됩니다. 텍스트 클립에서 마우스 오른쪽 단추를 눌러 [복합 클립 만들기]를 클릭합니다.

tip
복합 클립 : 복합 클립은 여러 클립을 하나로 묶어 쓰는 기능입니다.

4. 복합 클립의 재생 길이를 '9초'로 맞춥니다. 마스크를 설정하기 위해 [동영상]–[마스크] 탭에 [마스크 추가]를 클릭한 다음, [분할]을 선택합니다.

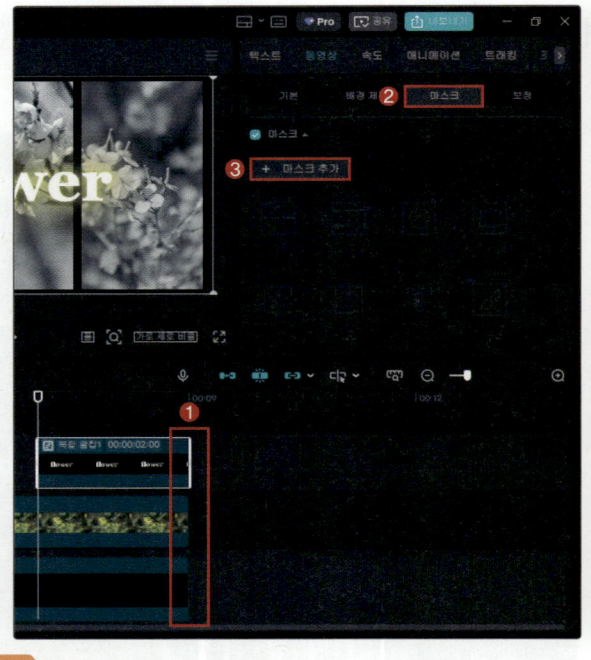
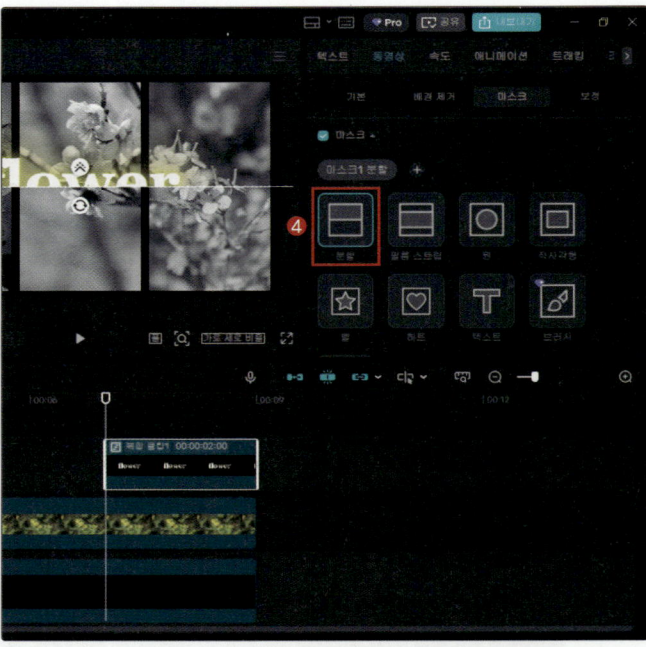

tip
복합 클립에서 마우스 오른쪽 단추를 클릭하여 [복합 클립 취소]를 클릭하면 그룹이 해제됩니다.

5. 마스크를 회전하기 위해 회전을 '-90도'로 지정하고, ◆[키프레임 추가]를 클릭합니다.

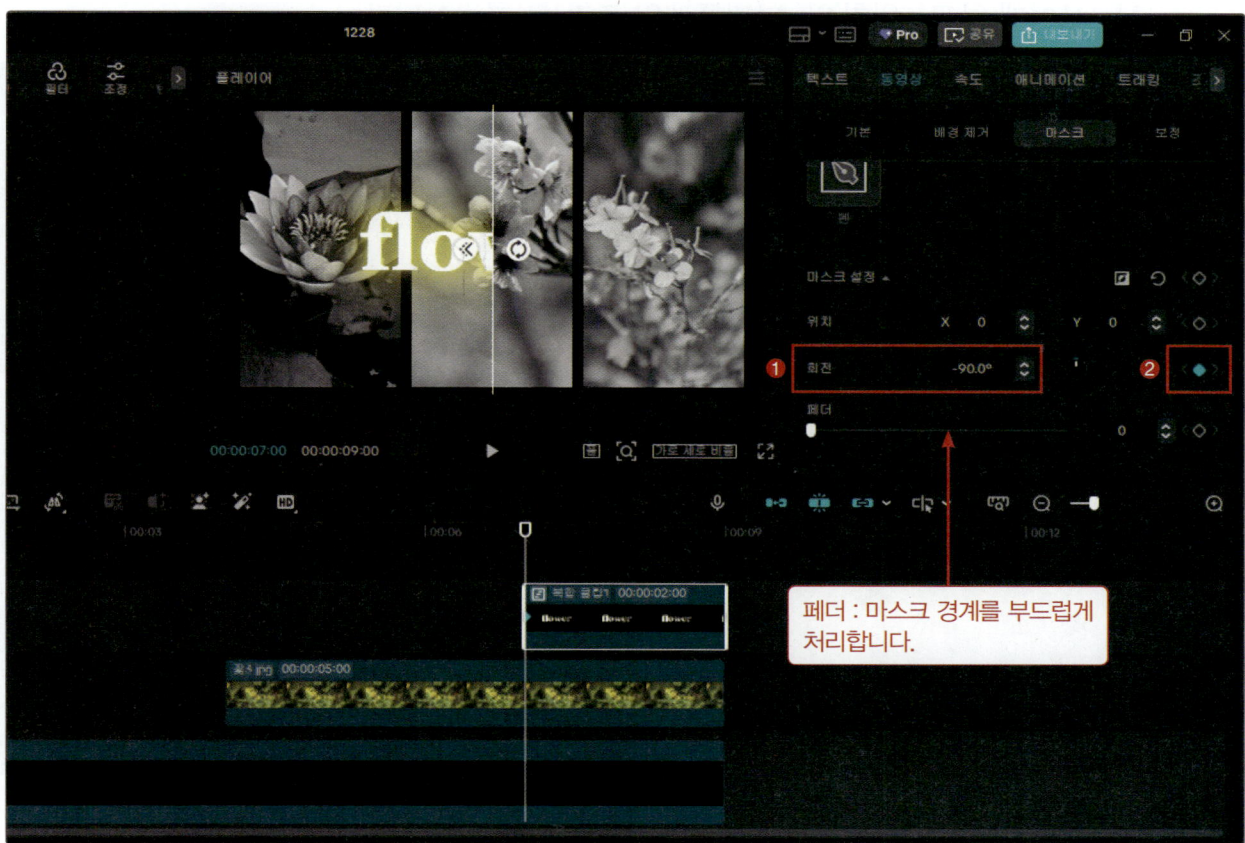

페더 : 마스크 경계를 부드럽게 처리합니다.

6. 마스크 가이드 선을 왼쪽으로 드래그하여 글씨가 화면에 완전히 가려지도록 한 후, '위치'의 ◆[키프레임 추가]를 클릭합니다.

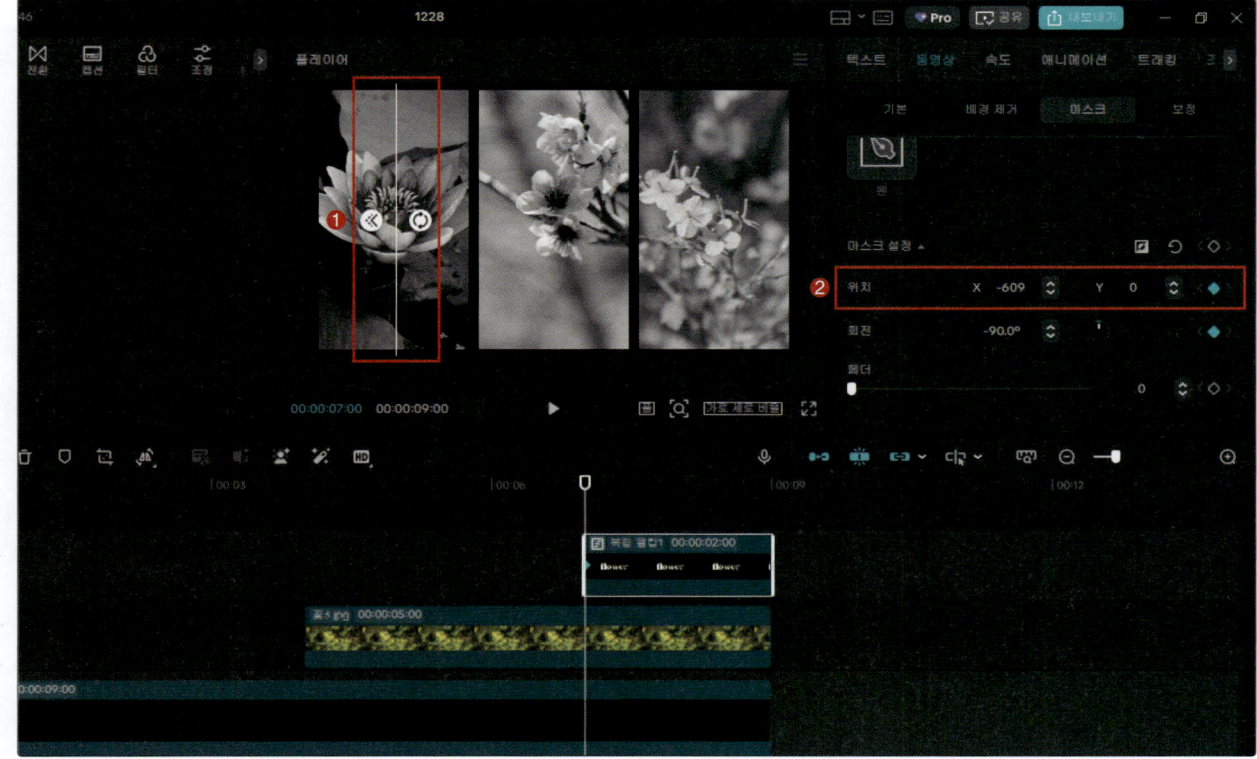

7. 재생 헤드를 8초에 위치시킵니다. 마스크 영역을 다음과 같이 오른쪽으로 드래그하여 글씨가 모두 보이게 하고, '위치'의 ◆ [키프레임 추가]를 클릭합니다.

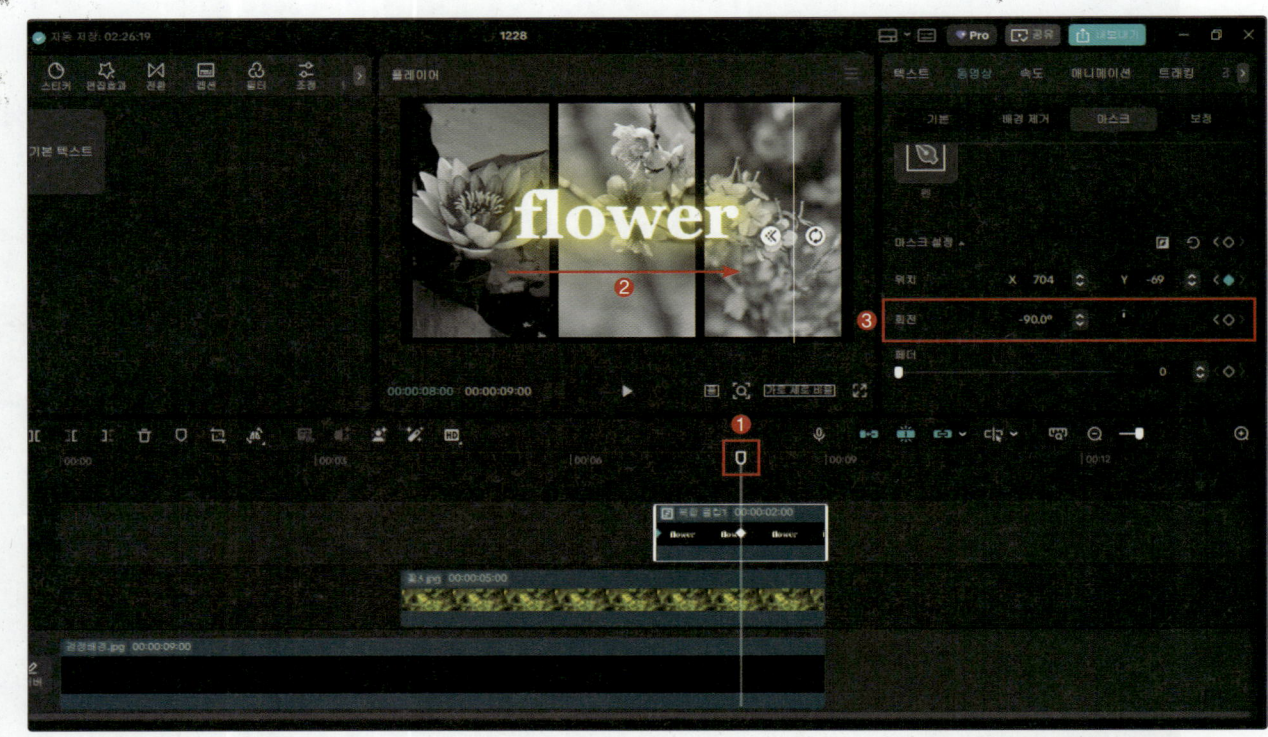

8. 재생을 눌러 결과를 확인합니다. 텍스트가 왼쪽에서부터 서서히 나타나는 것을 확인할 수 있습니다. 프로젝트 이름을 '꽃'으로 입력하고, [내보내기]를 클릭하여 내보내기 합니다.

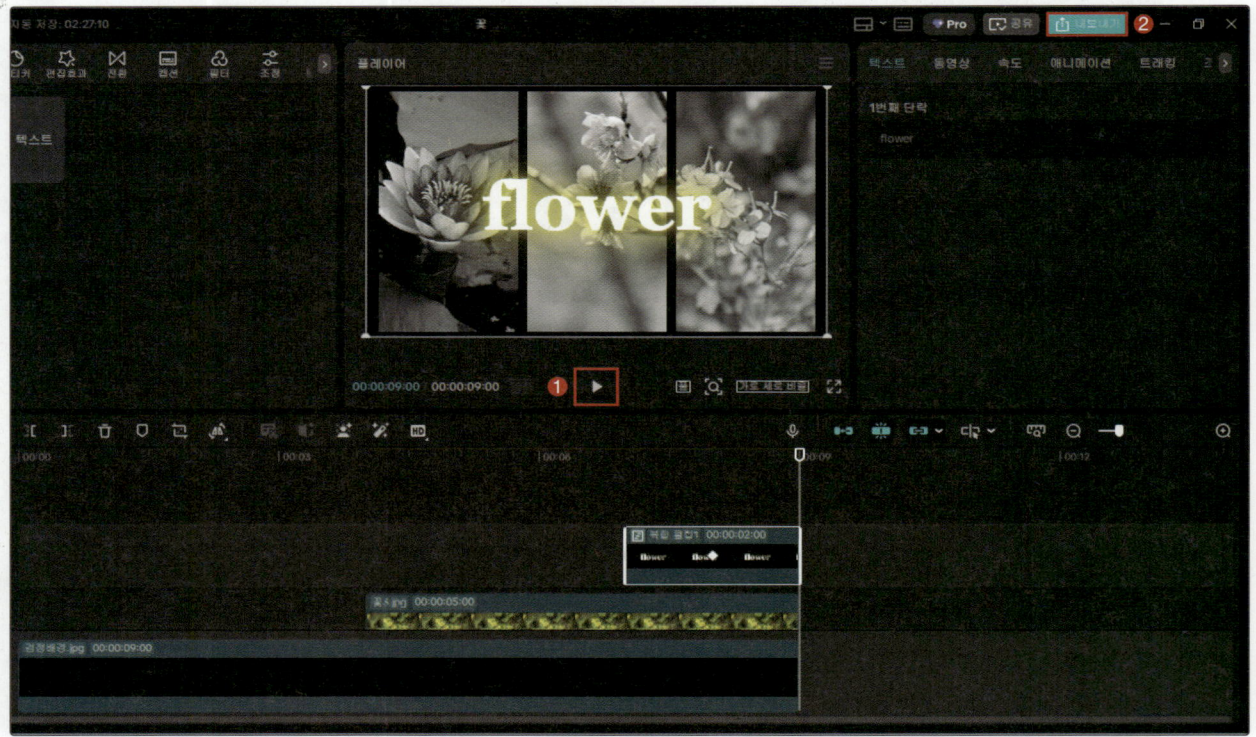

◉ 키프레임(Keyframe)

- 영상의 특정 위치에서 크기나 색, 회전 등의 변화의 기준점을 설정하는 기능으로, 키프레임과 키프레임 사이의 변화를 자동으로 계산하여 자연스러운 움직임을 만들어 줍니다.

- 키프레임은 최소 1개 이상 있어야 변화가 생기고, 키프레임과 키프레임 사이가 좁으면 변화되는 속도가 빨라지며, 넓으면 속도가 느려집니다.

- 키프레임 표시를 드래그하여 이동할 수 있습니다.

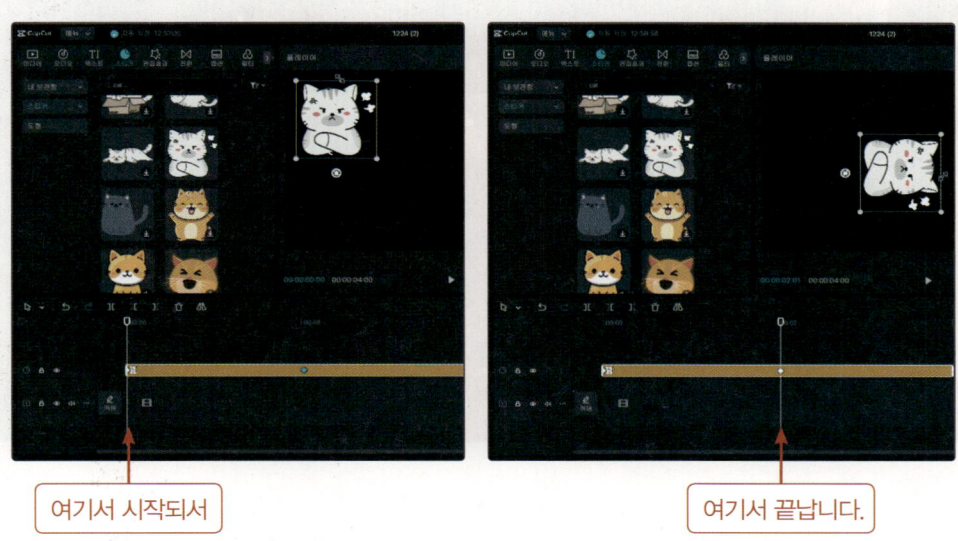

여기서 시작되서   여기서 끝납니다.

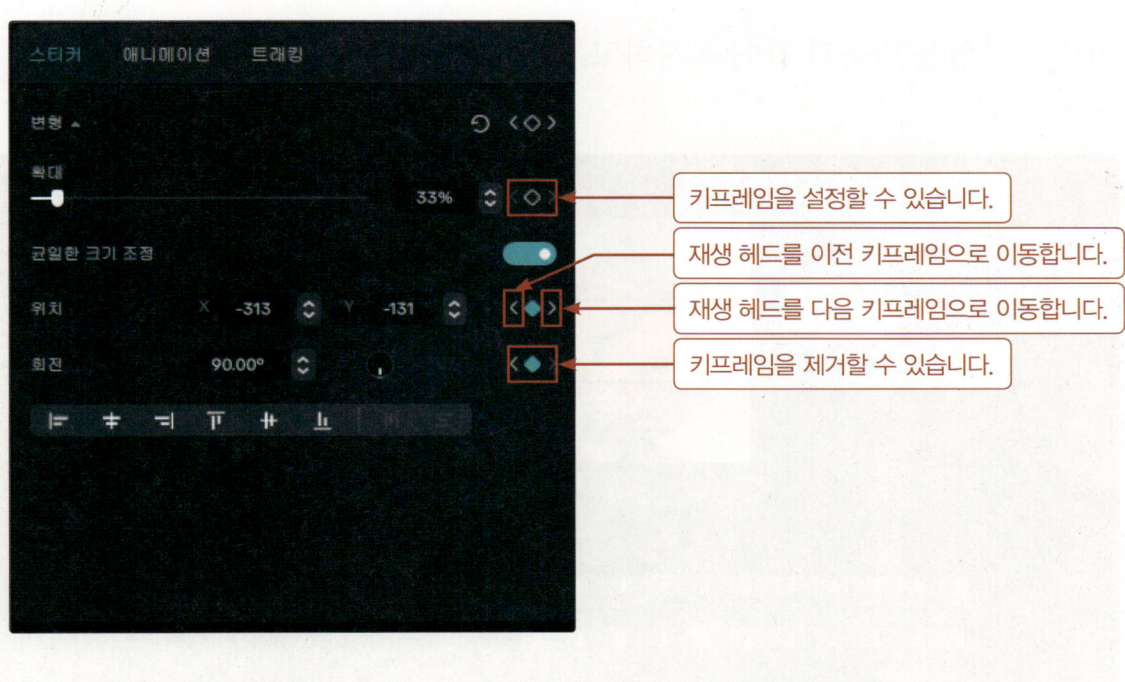

키프레임을 설정할 수 있습니다.

재생 헤드를 이전 키프레임으로 이동합니다.

재생 헤드를 다음 키프레임으로 이동합니다.

키프레임을 제거할 수 있습니다.

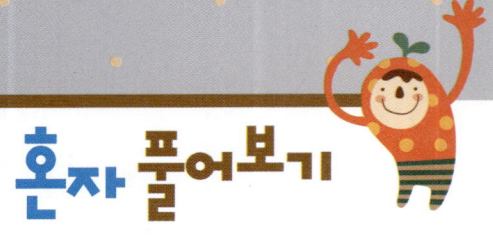

혼자 풀어보기

1 다음과 같이 이미지를 추가하여 이미지를 자르고, 위에서부터 아래로 내려오는 키 프레임을 적용해보세요.

2 이미지 클립을 다음과 같이 복사하고, 자르기에서 이미지 영역을 다음과 같이 설정해보세요.

3 이미지 시작 위치를 하고 0.12 간격으로 조절하고 마지막 키프레임의 위치 값을 조절하여 위에서 아래로 내려오는 영상을 완성해보세요.

4 2초에서부터 네온 텍스트가 서서히 가운데에서 나타나는 필름 스트립 마스크를 적용해보세요.

▲ 맛있는과일_완성.mp4

영·상·편·집

영화관에 온 것 같은
시네마틱 영상 만들기

키프레임과 마스크 기능을 활용하여 화면의 움직임과 보이는 영역을 섬세하게 조절함으로써 장면이 부드럽게 이어지고, 마치 영화관에서 영화를 감상하는 것처럼 몰입감 있는 시네마틱 영상을 만드는 방법을 알아봅니다.

▲ 시네마영상.mp3

① 키프레임 설정하기

1. [메뉴]-[설정]을 클릭합니다. [설정] 대화상자의 [편집] 탭에서 이미지 기간을 '10초'로 지정하고 [저장]을 클릭합니다.

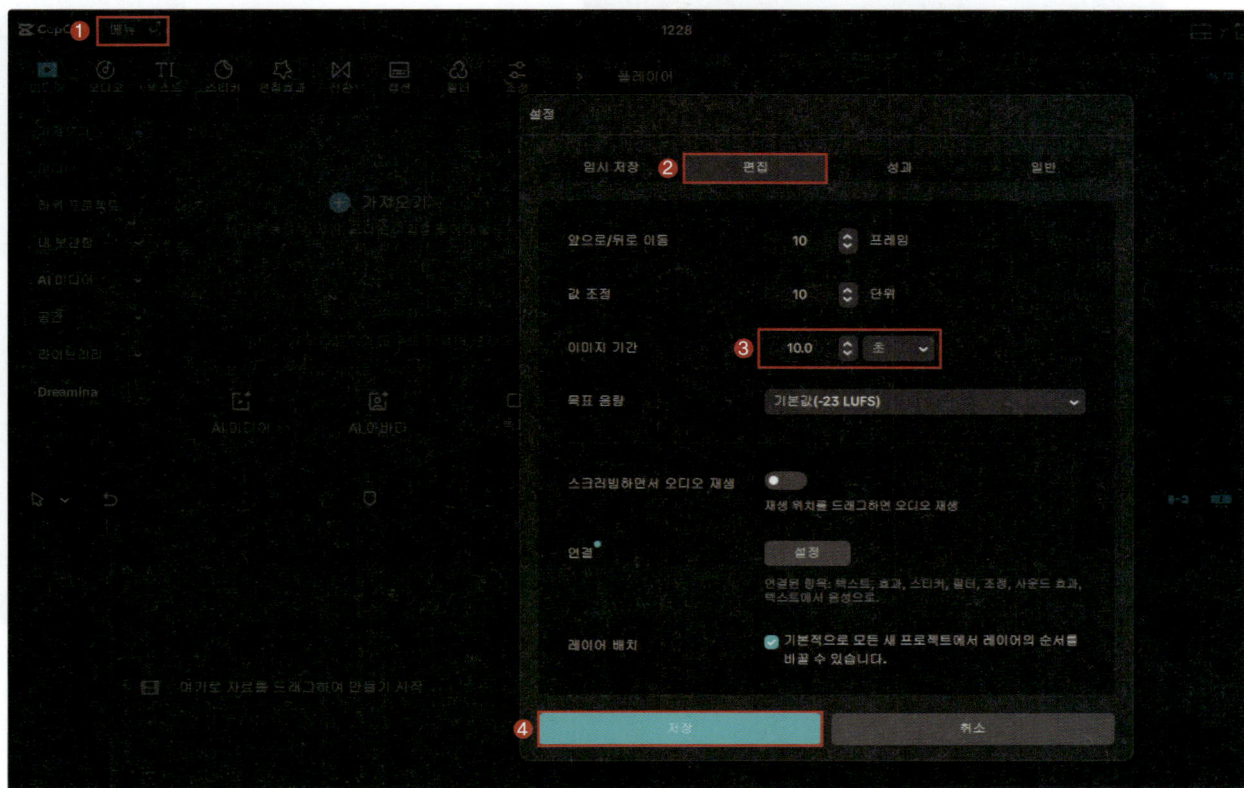

2. [미디어]-[가져오기]를 클릭하여 나타난 [미디어 리소스 선택] 대화상자의 [캡컷예제]-[Chapter08] 폴더에서 다음과 같이 파일을 선택하고 [열기]를 클릭합니다.

3. '제주도01' 이미지를 클릭하여 메인 트랙에 추가한 다음, 다시 보조 트랙으로 드래그합니다. [가로 세로 비율]–[16:9]를 클릭합니다.

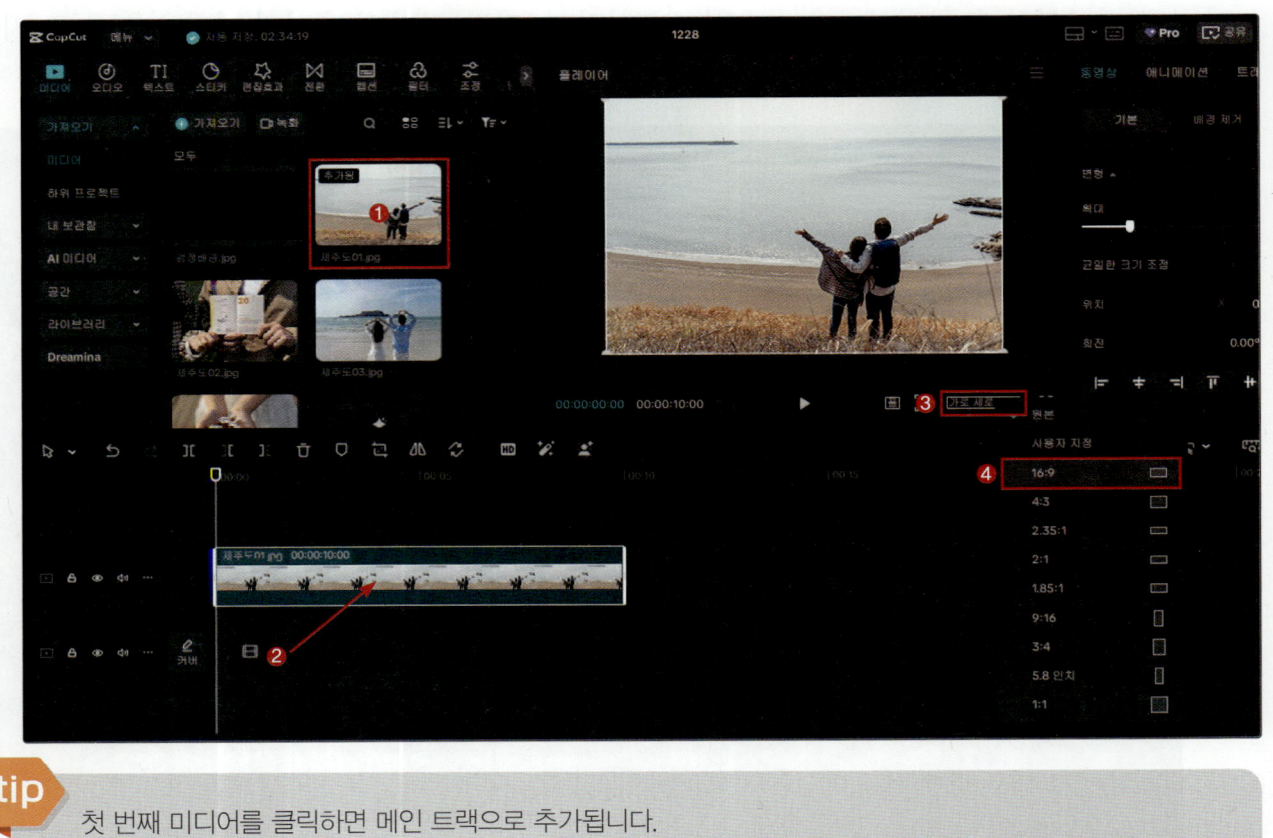

4. ⬚[자르기]를 클릭합니다. [자르기] 창에서 비율을 [16:9]로 지정하고, 이미지 영역을 보기 좋게 이동한 후 [확인]을 클릭합니다.

5. [동영상]–[기본] 탭에서 위치 항목에 ◆[키프레임 추가]를 클릭하고 X 값을 '3800'을 입력하면, 이미지가 편집 화면 오른쪽 밖으로 이동됩니다.

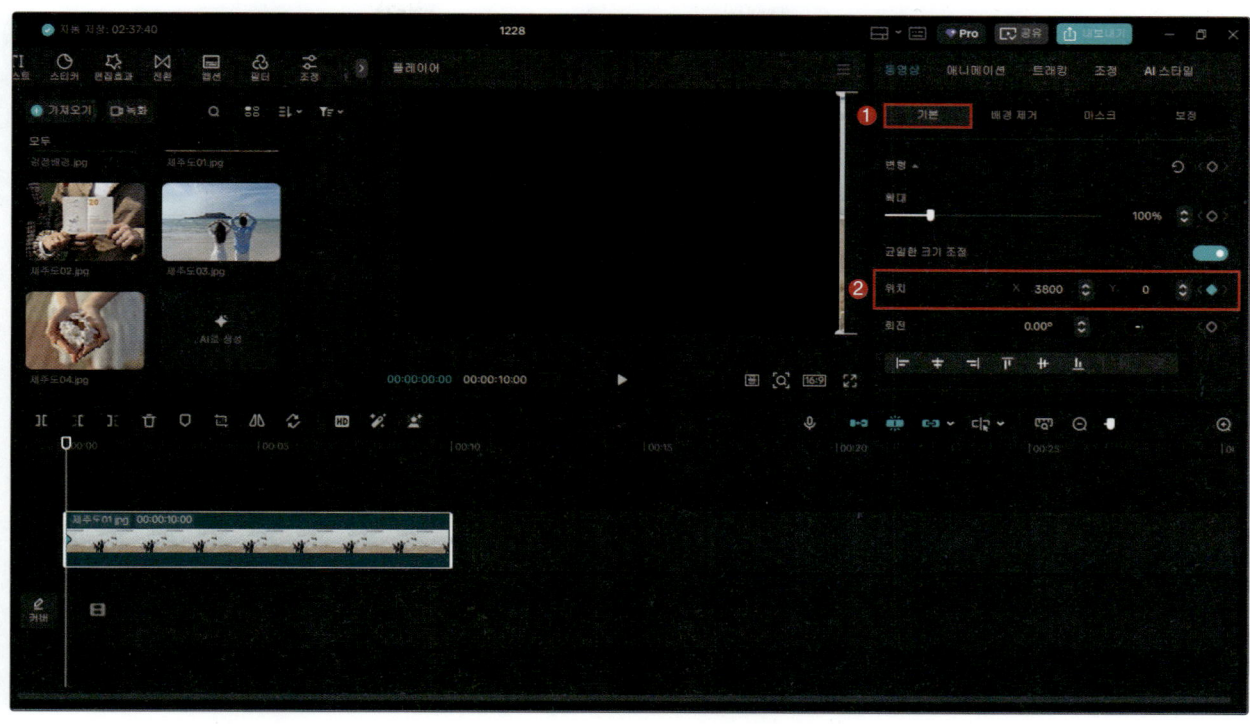

6. 이번에는 재생 막대를 영상 맨 뒤로 이동합니다. 위치의 X 값을 '–3800'으로 입력하고 ◆[키프레임 추가]를 클릭합니다. 그러면 사진이 편집 화면 왼쪽 밖으로 이동됩니다.

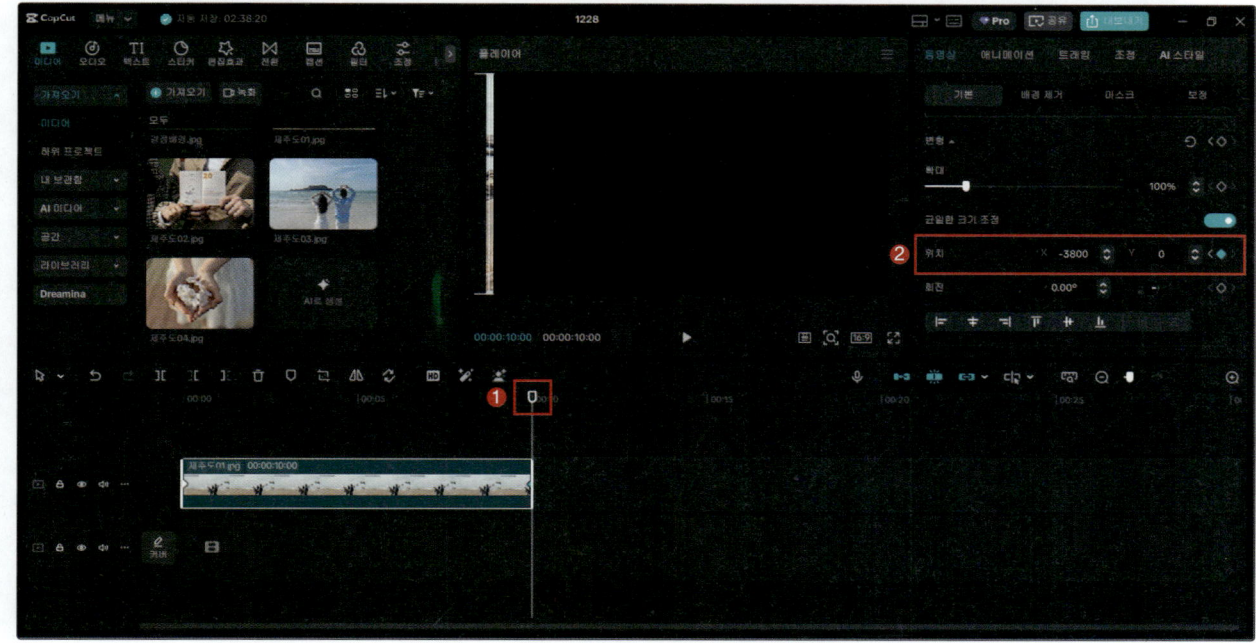

7. 재생 막대를 '5초'로 한 다음, 위치의 X와 Y 값이 0인지 확인한 후 ◆[키프레임 추가]를 클릭합니다. ▶[재생]을 클릭하면 이미지가 왼쪽에서 오른쪽으로 이동됩니다.

> **tip** 위치의 X와 Y 값이 0이면 이미지가 화면 가운데에 위치한 것입니다.

8. 여러 이미지를 자연스럽게 연결하기 위해 트랙에서 이미지 클립을 Alt 키를 누른 상태로 재생 막대 시작 위치로 복사하여 오버레이 합니다.

9. 같은 방법으로 재생 막대를 10초로 이동합니다. Alt 키를 누른 상태로 재생 막대 시작 위치로 드래그하여 오버레이 합니다.

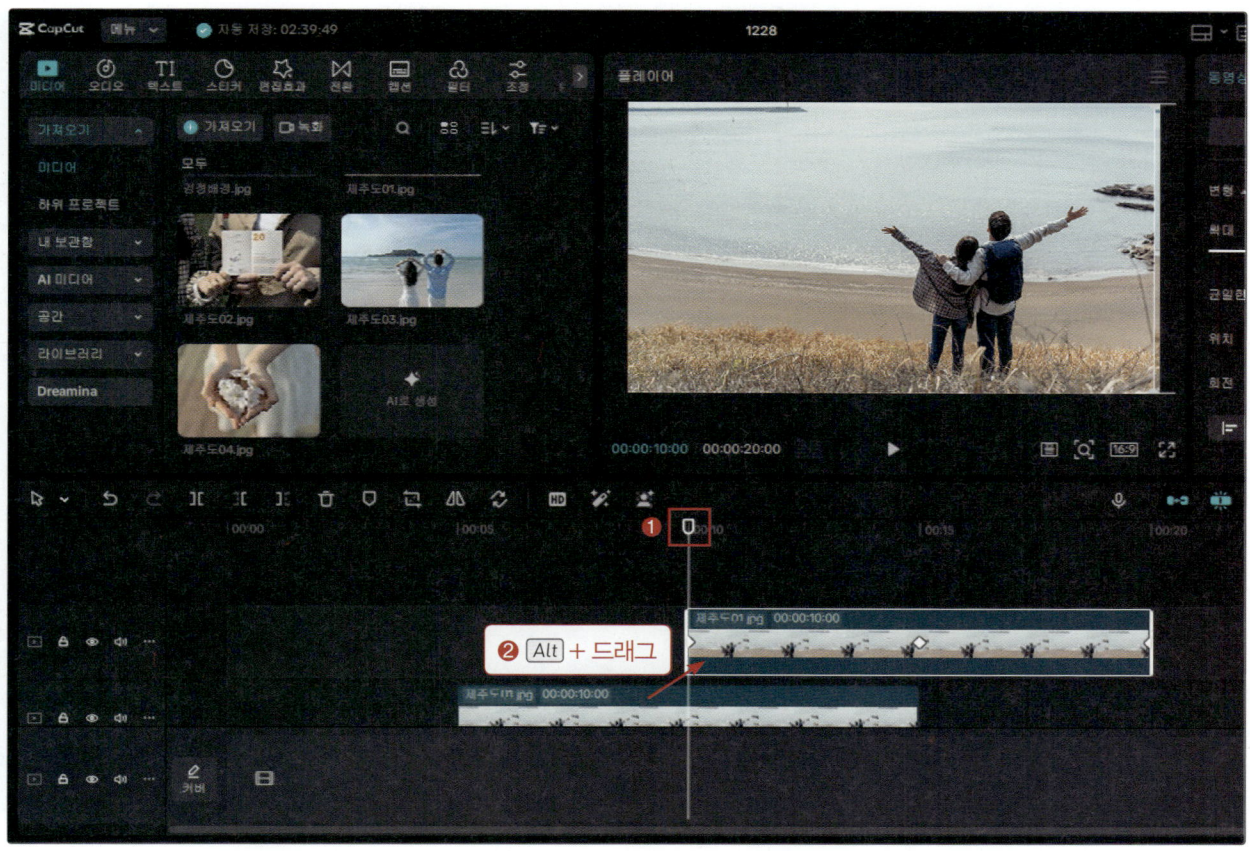

10. 영상을 더 길게 만들기 위해 5초 간격으로 한 번 더 이미지 클립을 복사합니다.

11. 이미지를 바꾸기 위해 [미디어] 패널에서 '제주도02' 이미지를 트랙의 두 번째 이미지 클립 위로 드래그합니다. [교체] 대화상자에서 [클립 교체]를 클릭합니다.

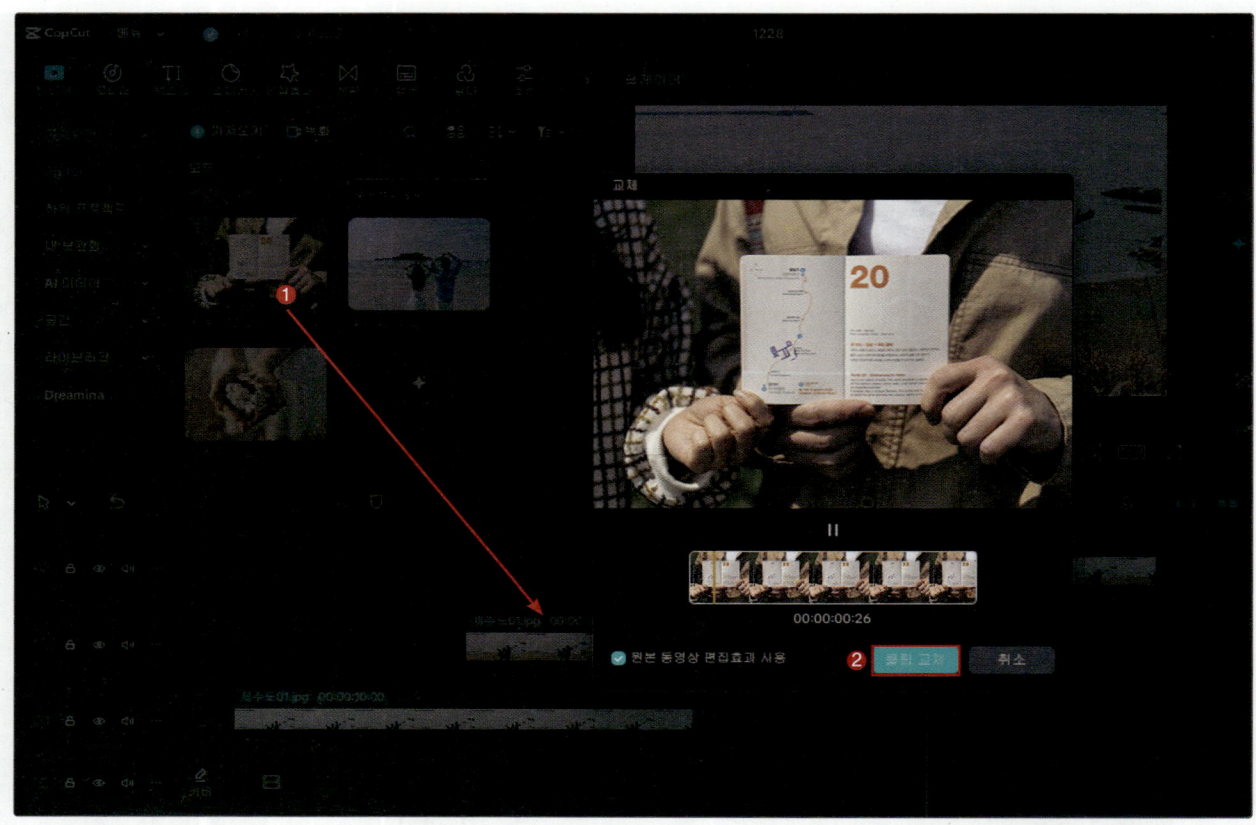

12. 같은 방법으로 나머지 이미지 클립의 사진을 모두 교체하고, 재생 시간의 끝을 25초에 맞춥니다.

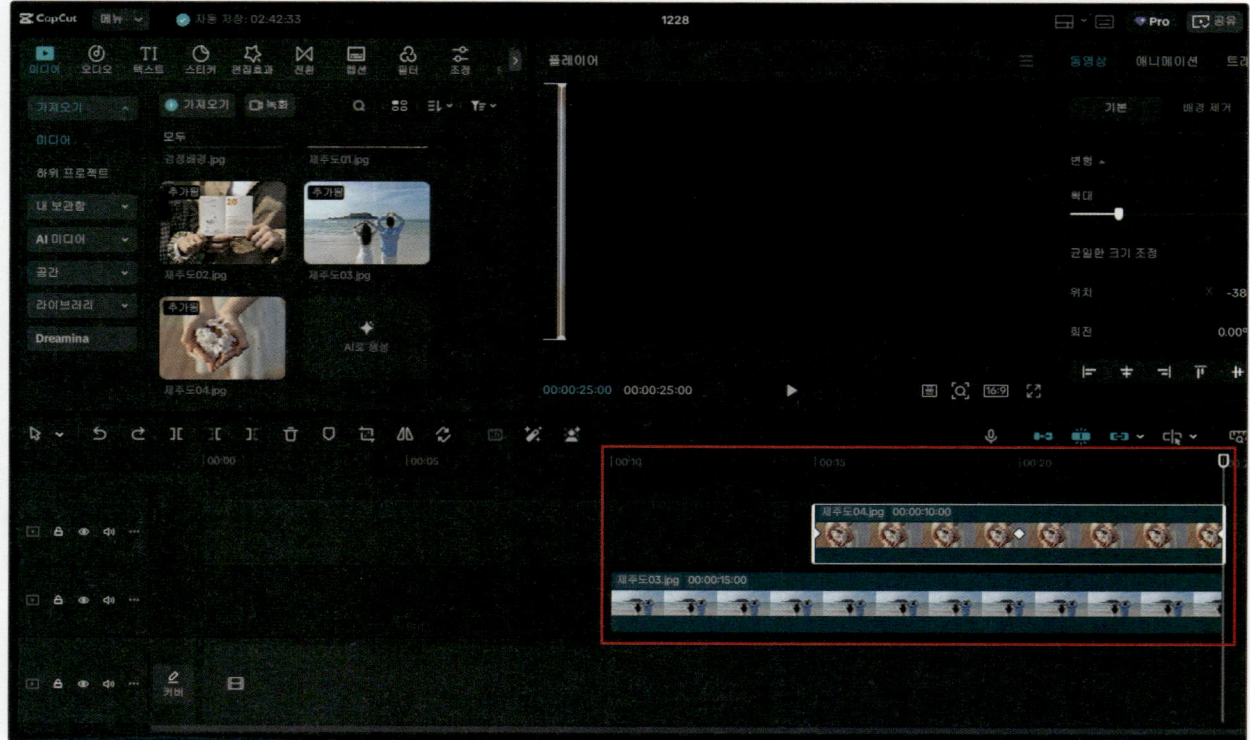

13. 마지막 사진에서 움직임을 멈추고 영상을 끝내기 위해, 맨 위 이미지 클립의 마지막 키프레임을 선택합니다. '위치'의 ◆[키프레임 삭제]를 클릭하여 키프레임을 삭제합니다.

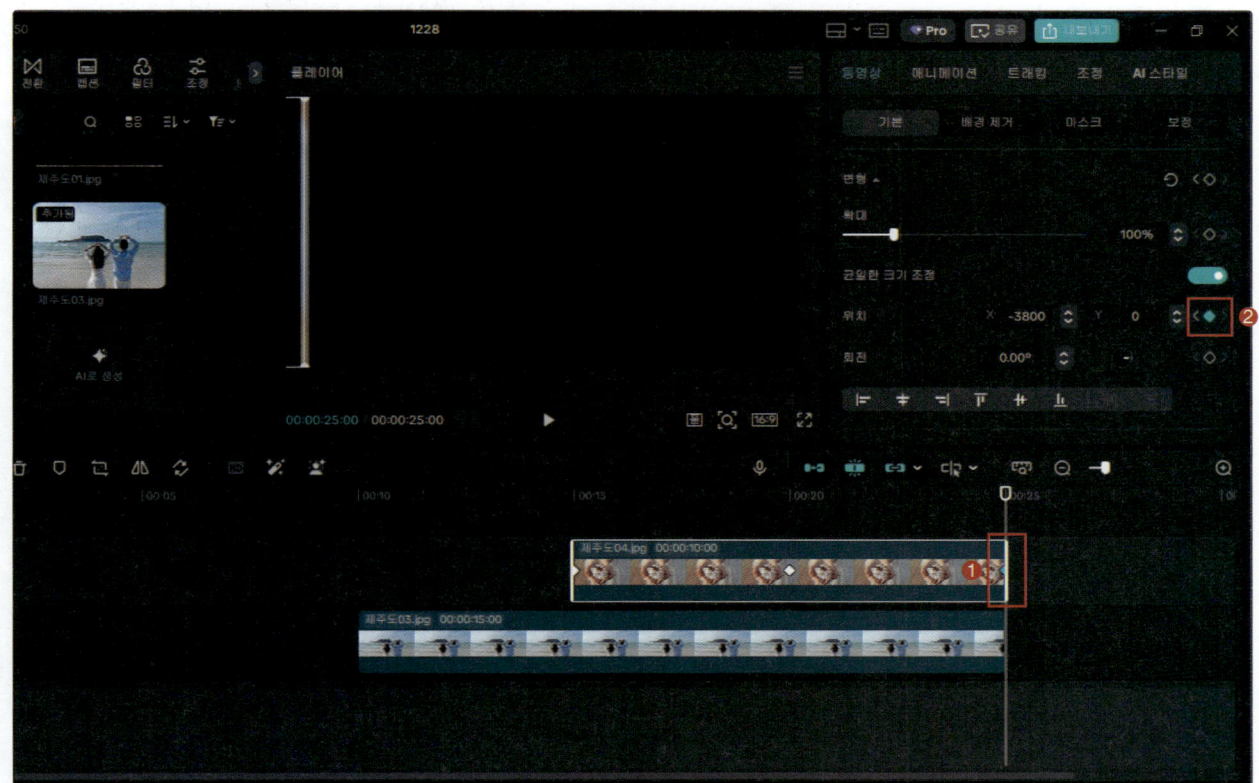

2 마스크 삽입하기

1. 검정 배경 이미지를 다음과 같이 타임라인에 드래그하여 겹치게 놓고, 재생 길이를 영상 길이와 맞춥니다.

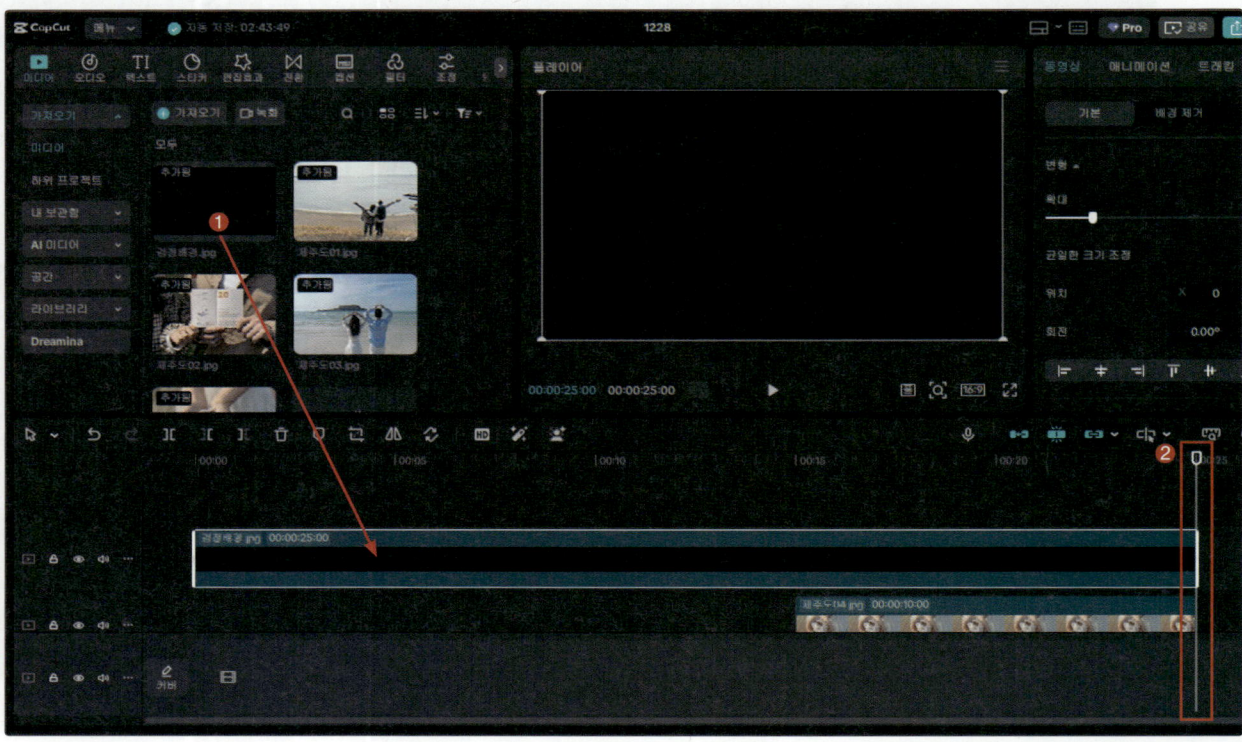

2. 마스크를 삽입하기 위해 재생 막대를 '5초'에 위치시키고, [동영상]-[마스크] 탭에서 [마스크 추가]를 클릭합니다.

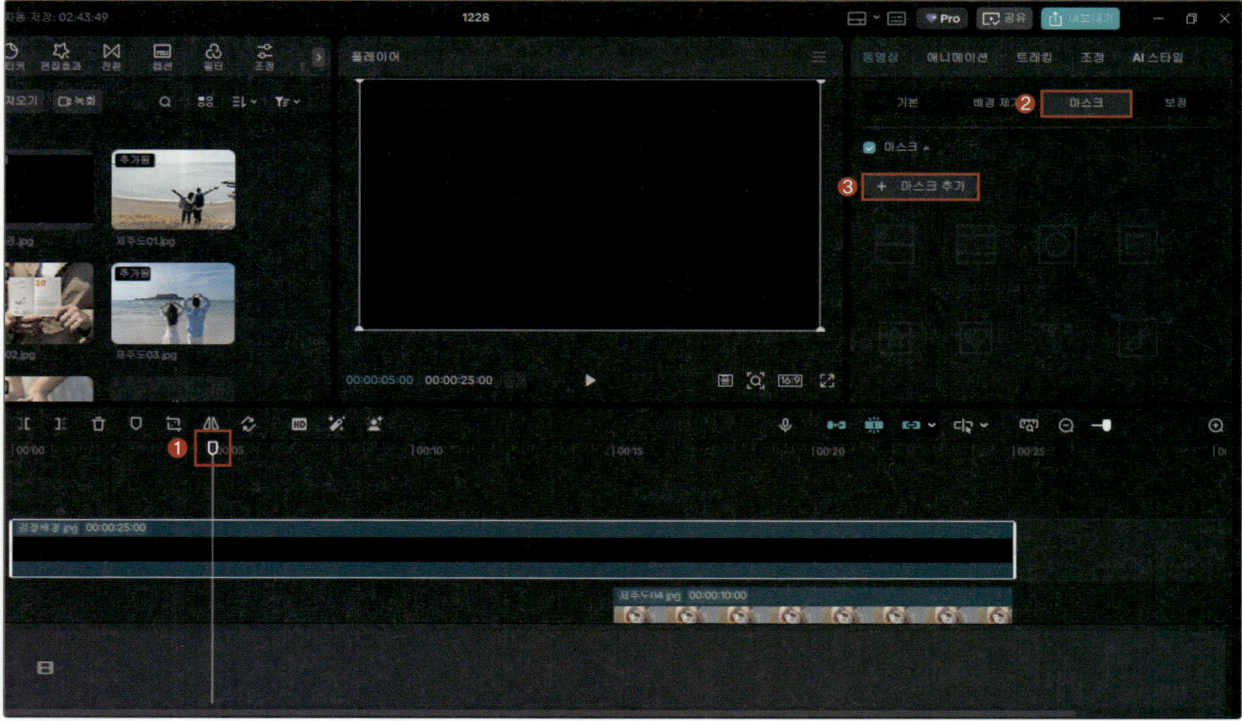

3. 원 마스크를 선택한 다음, 마스크의 크기를 다음과 같이 조절하고 화면 위쪽으로 드래합니다.

4. 트랙에서 검정배경 클립을 [Alt] 키를 누른 상태로 위로 드래그하여 오버레이합니다. 위에 마스크 영역을 아래로 드래그합니다. ▶ [재생]을 눌러 결과를 확인합니다.

혼자 풀어보기

① 다음과 같이 이미지가 점점 확대되는 키프레임을 설정해보세요.

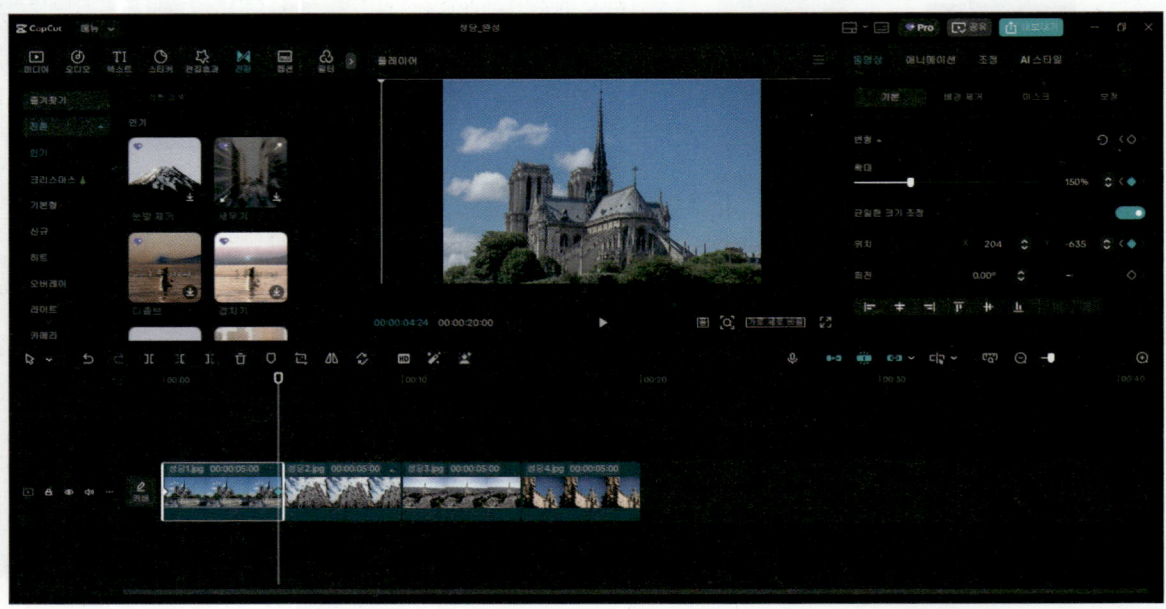

▲ 성당.mp4

② 원 마스크와 키프레임으로 위로 올라가는 텍스트 영상을 만들어보세요.

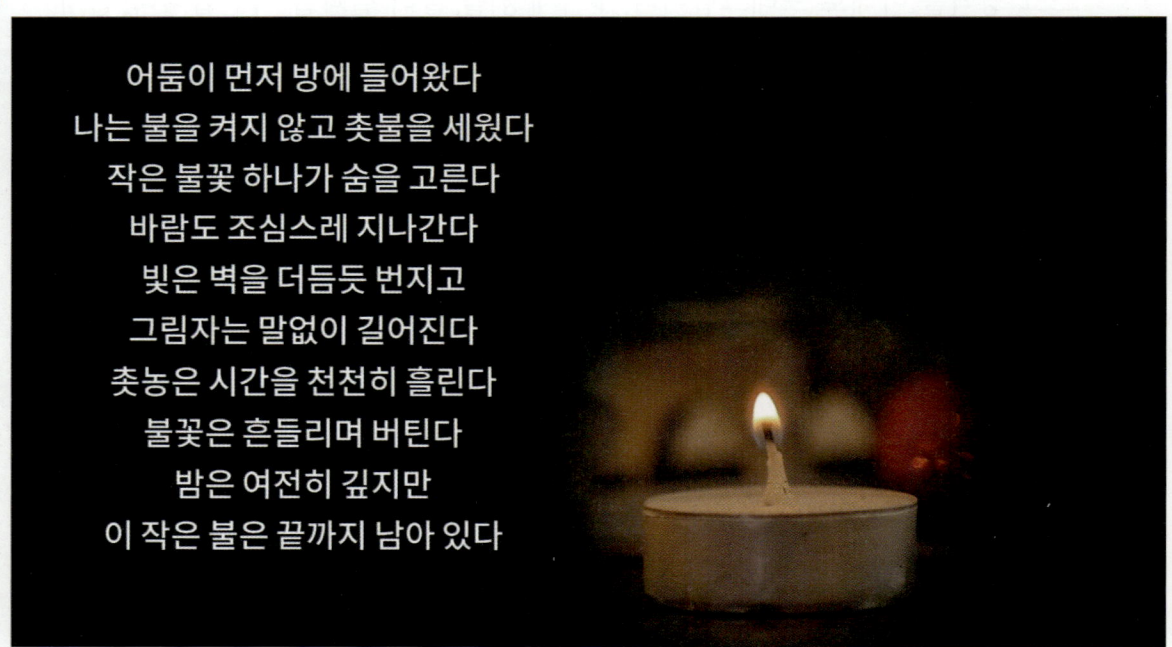

어둠이 먼저 방에 들어왔다
나는 불을 켜지 않고 촛불을 세웠다
작은 불꽃 하나가 숨을 고른다
바람도 조심스레 지나간다
빛은 벽을 더듬듯 번지고
그림자는 말없이 길어진다
촛농은 시간을 천천히 흘린다
불꽃은 흔들리며 버틴다
밤은 여전히 깊지만
이 작은 불은 끝까지 남아 있다

▲ 촛불.mp4

③ 텍스트가 위로, 아래로 이동될 수 있는 키프레임을 적용하고, 효과음과 스티커를 추가해보세요.

④ 자전거 뒤로 텍스트가 천천히 나타나는 마스크와 키프레임을 적용해 영상을 만들 어보세요.

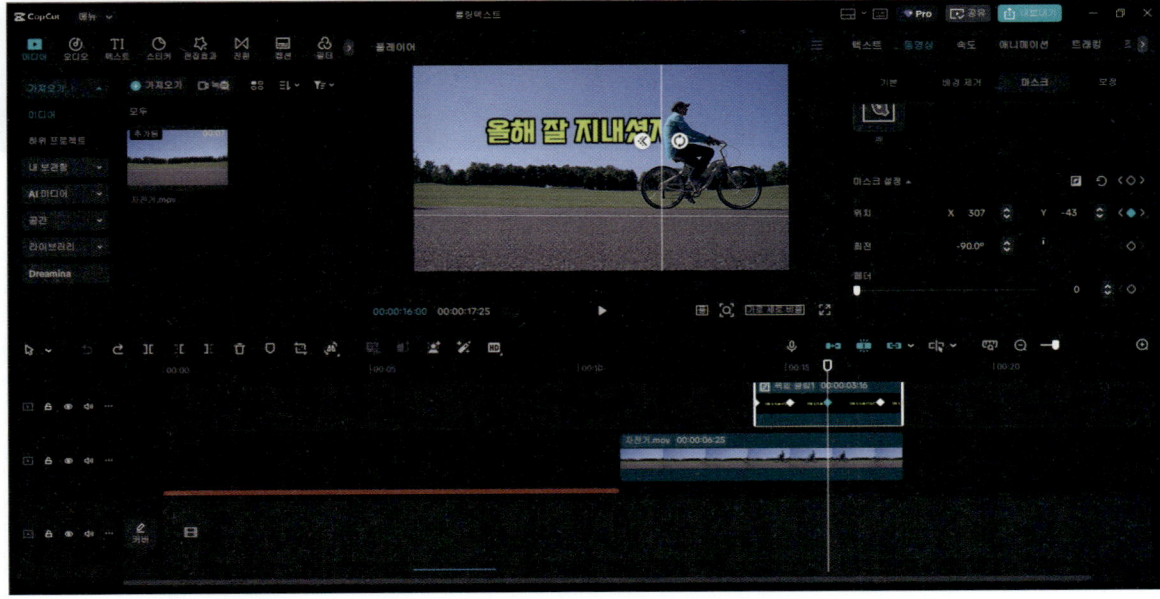

▲ 준비파일 : 자전거.mp4

크로마키와 비트를 활용한 영상 만들기

영상의 장면 전환에 맞춰 음악의 비트를 조절하면 여행의 분위기와 흐름을 더욱 생생하게 표현할 수 있습니다. 비트를 활용해 여행 영상이 음악과 함께 자연스럽게 연출되는 영상을 만들어 봅니다.

1 마스크로 인트로 만들기

1. [미디어]-[가져오기]를 클릭합니다. [미디어 리소스 선택] 대화상자의 [캡컷예제]-[Chapter09] 폴더에서 '검정배경', '겨울숲', '여행1~6' 파일을 선택하고 [열기]를 클릭합니다.

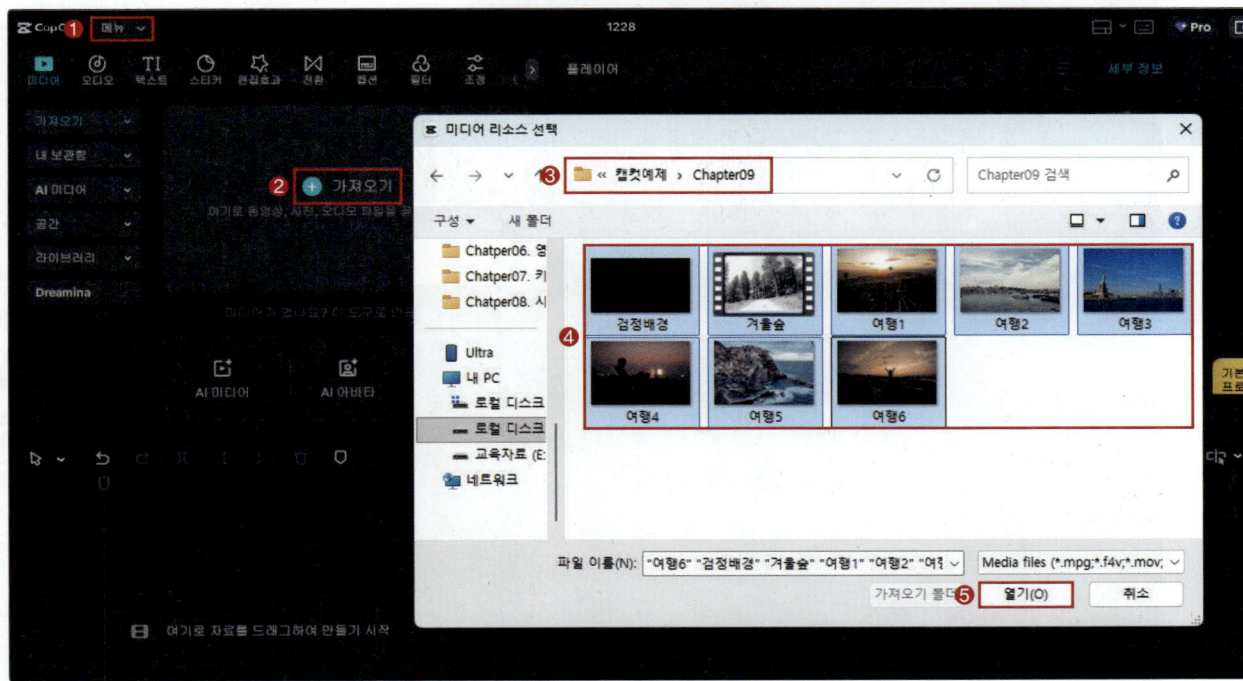

2. '겨울 숲'을 메인 트랙에 추가하고 검정 배경 이미지를 드래그하여 메인 트랙 위로 드래그하여 오버레이합니다. 영상 길이를 '10초'로 맞춥니다.

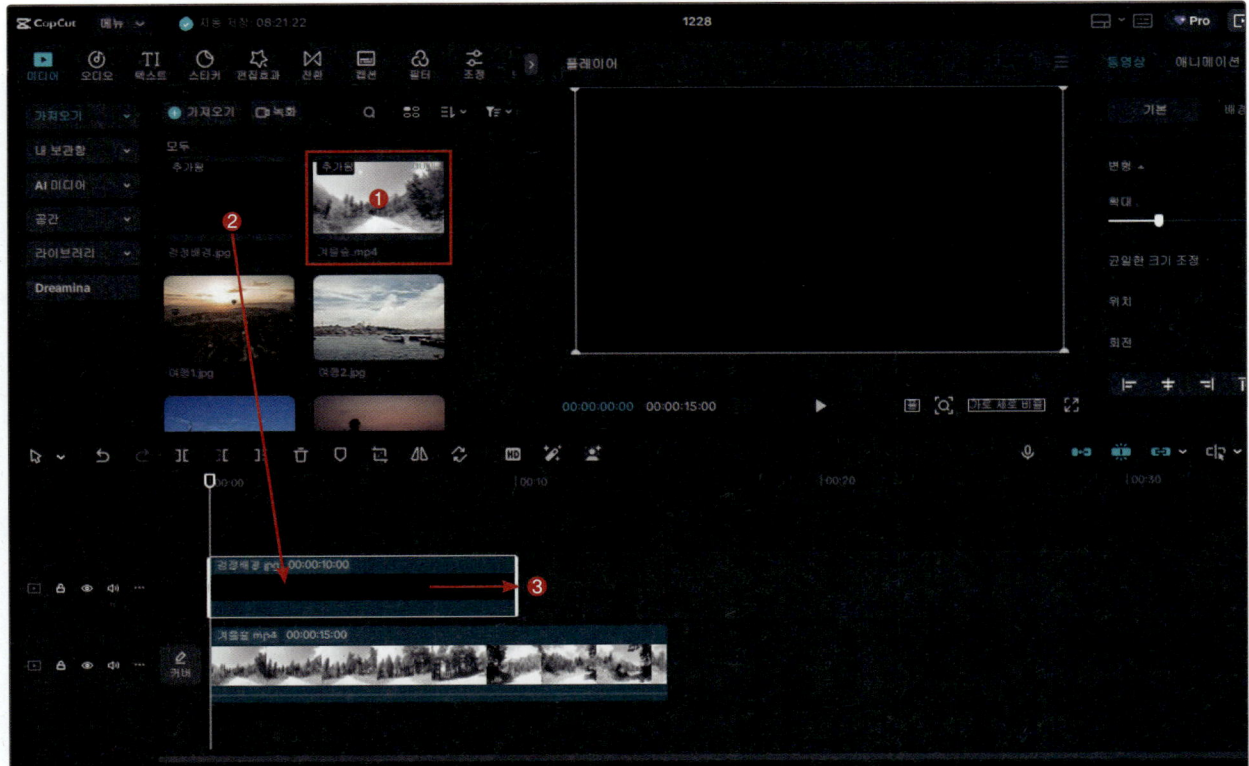

3. 화면 비율을 조절하기 위해 [가로 세로 비율]–[16:9]로 지정합니다. [텍스트]–[기본 텍스트]의 [트랙에 추가]를 클릭하고, 영상 길이를 '10초'에 맞춥니다.

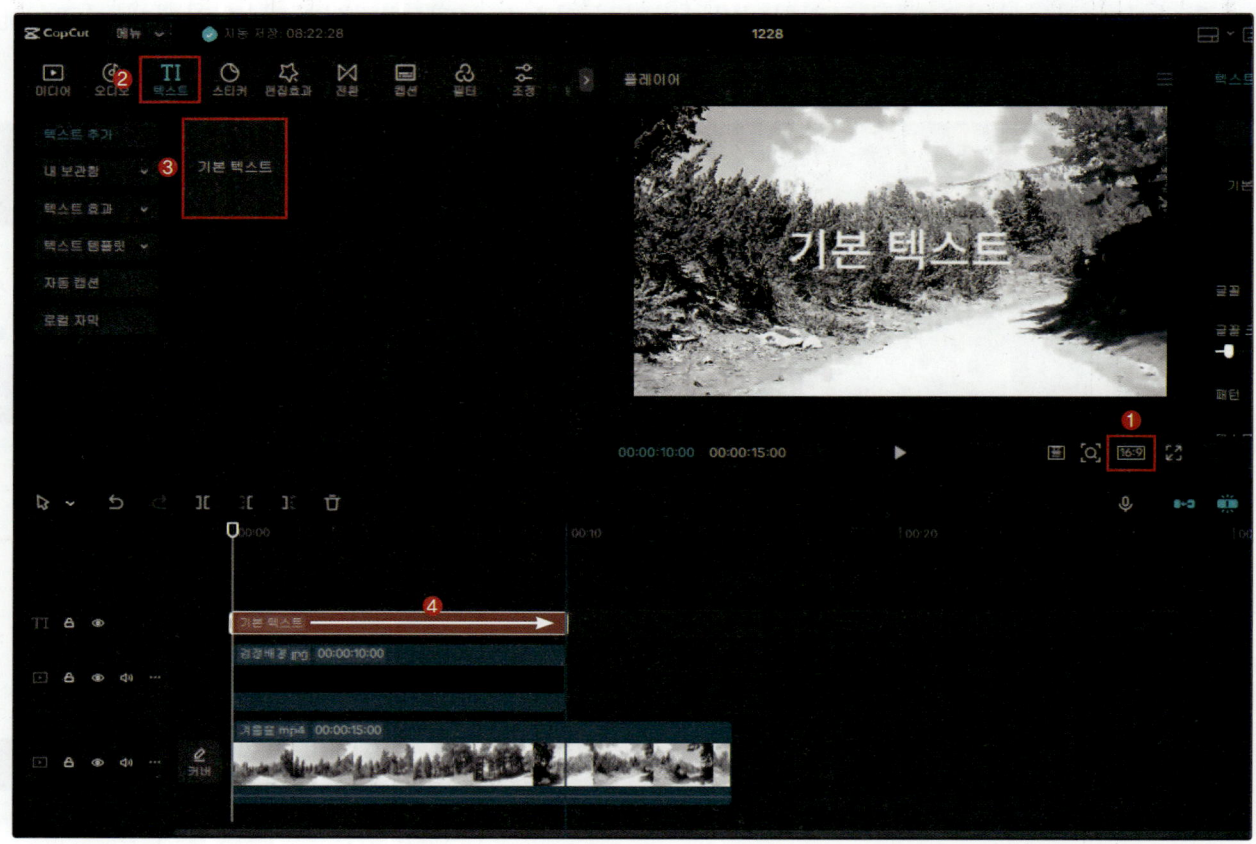

4. [텍스트]–[기본] 탭에 "TRAVEL"을 입력하고 글꼴은 'Impact', 크기는 '50', 색상은 나중에 배경을 투명하게 하기 위해 크로마키로 사용하는 짙은 '녹색'으로 설정합니다.

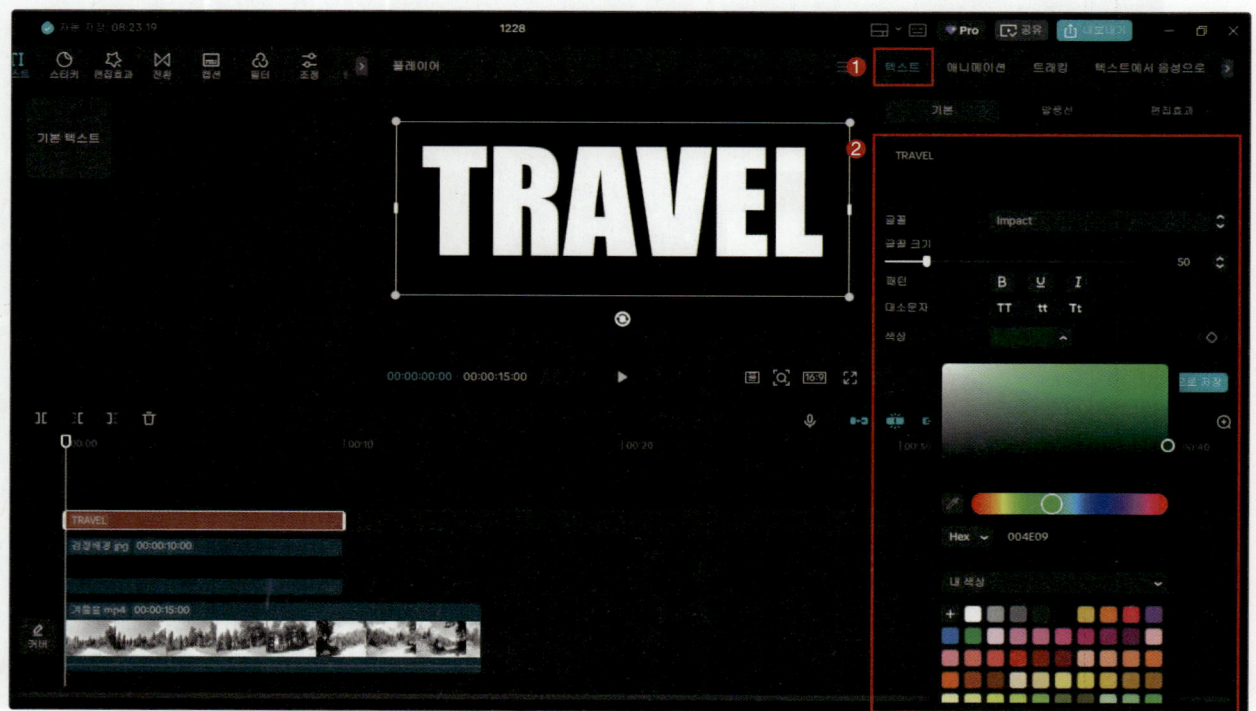

5. 글자가 생동감 있게 나타나도록 [애니메이션]-[인] 탭에서 '반짝_드 인'을, 길이는 '2.5s'로 설정하면 속도감 있는 애니메이션이 적용됩니다.

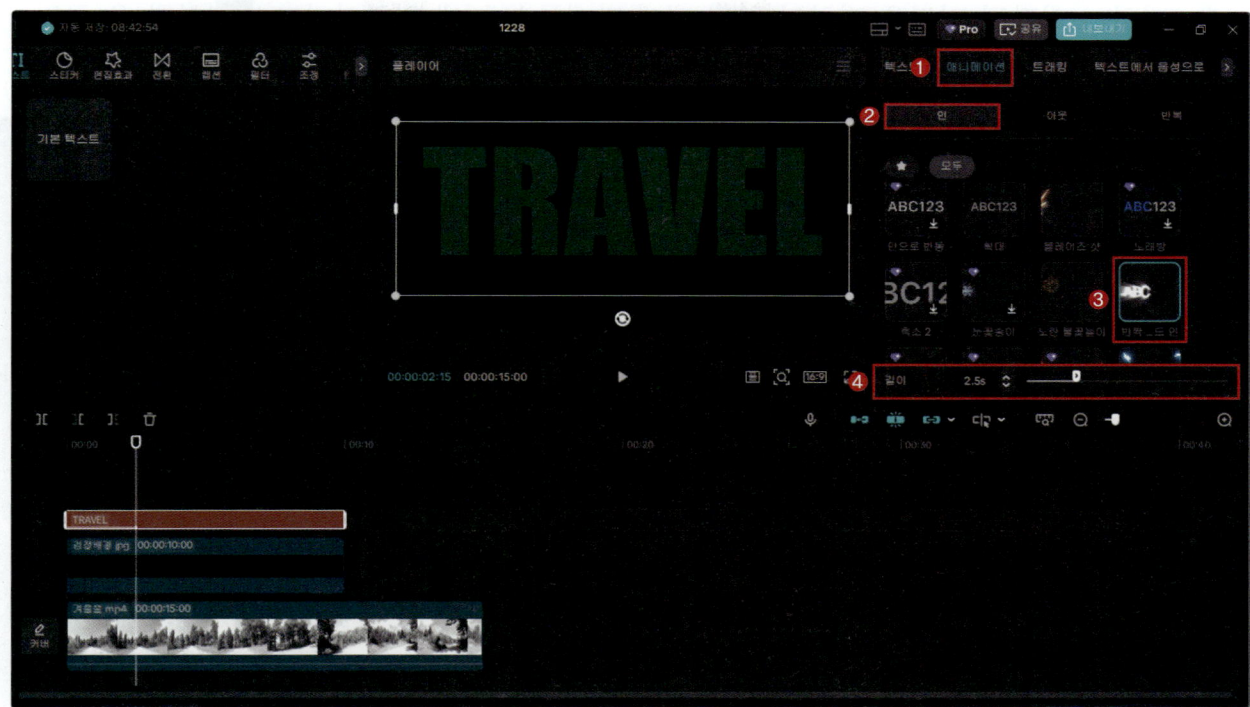

6. Ctrl 키를 누른 상태로 텍스트와 검정배경 트랙을 선택합니다. 두 트랙을 하나로 묶기 위해 마우스 오른쪽 단추를 클릭하여 [복합 클립 만들기]를 클릭합니다.

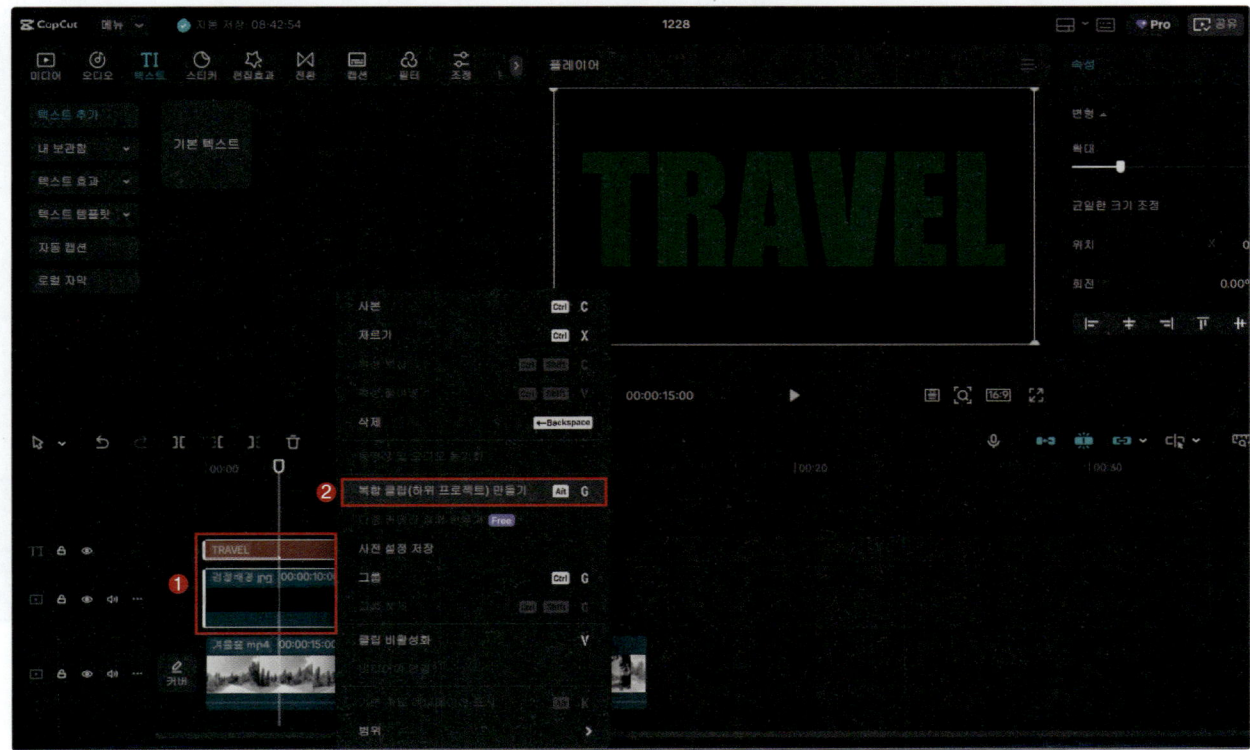

② 크로마키 설정하기

1. 변화가 시작될 지점을 정하기 위해 재생 막대를 '4초'에 위치시키고, ▌[분할]을 클릭합니다.
오른쪽 클립이 선택된 상태에서 [동영상]-[배경 제거] 탭에서 크로마키를 선택합니다.

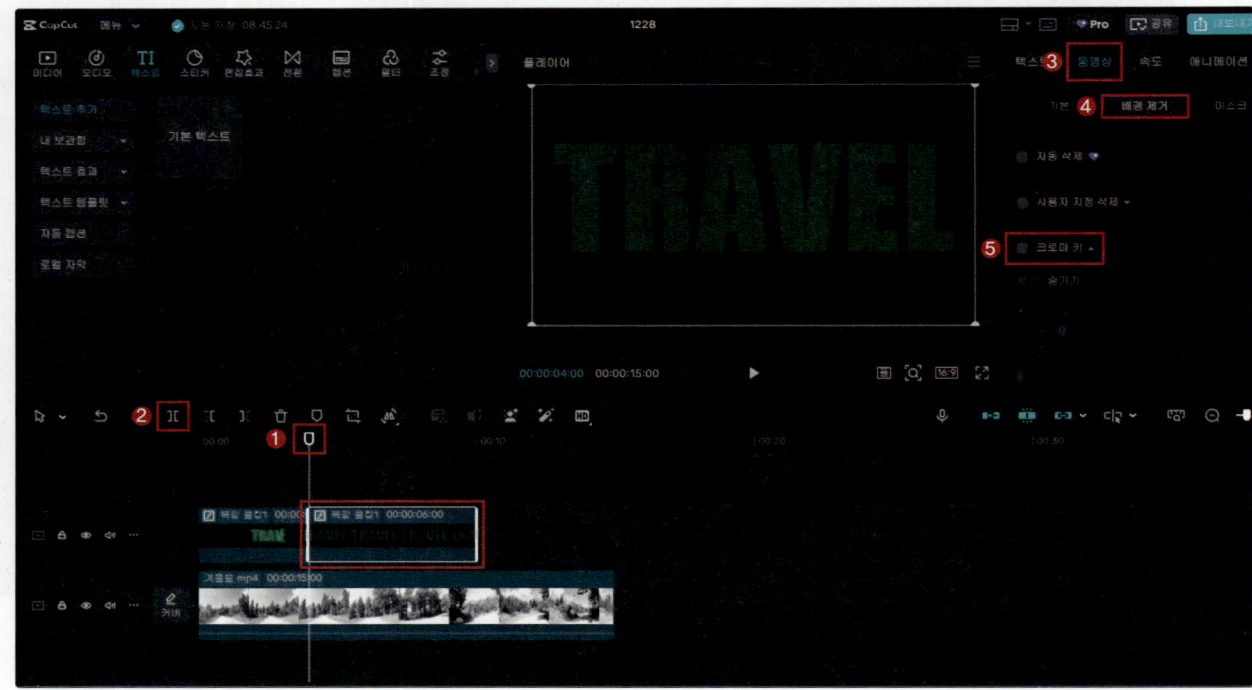

2. 컬러 피커가 선택된 상태에서 텍스트의 녹색을 클릭하여 배경을 제거합니다.

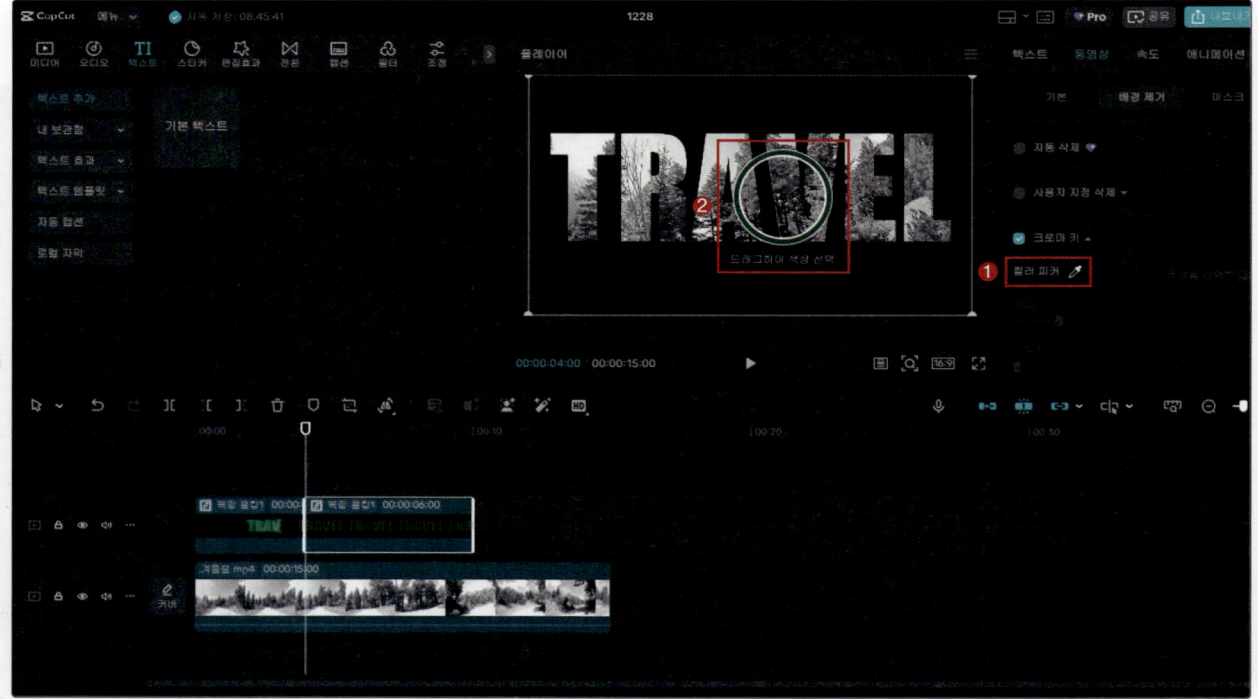

> **tip**
> 채도를 오른쪽으로 드래그하여 녹색 영역을 깨끗이 제거할 수 있습니다.

3. [마스크] 탭에서 [마스크 추가]를 클릭한 다음, [분할] 마스크를 선택합니다.

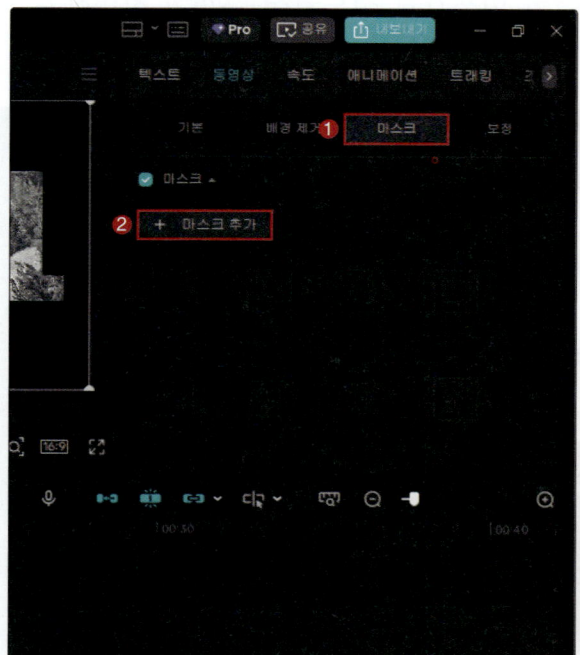 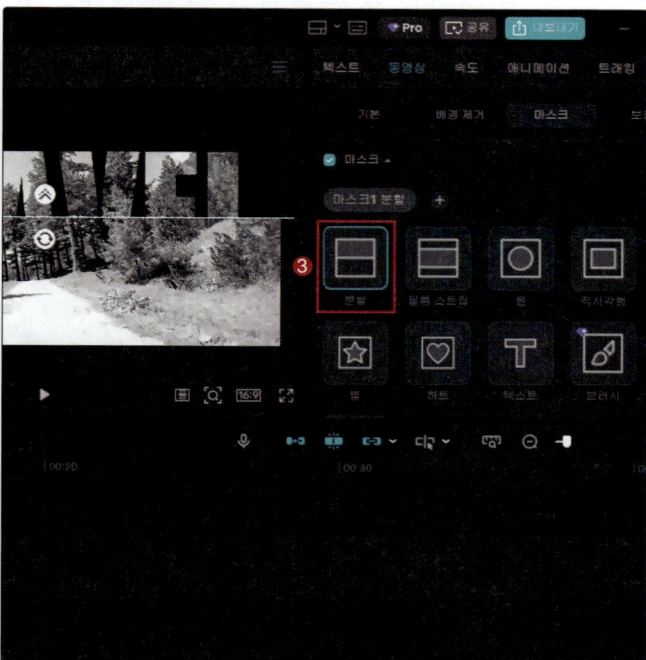

4. 마스크 설정의 ◆[키프레임 추가]를 클릭하면 복합 클립에 키프레임이 적용됩니다. 영상 재생 시간이 '10초'가 되면 마스크가 시작됩니다.

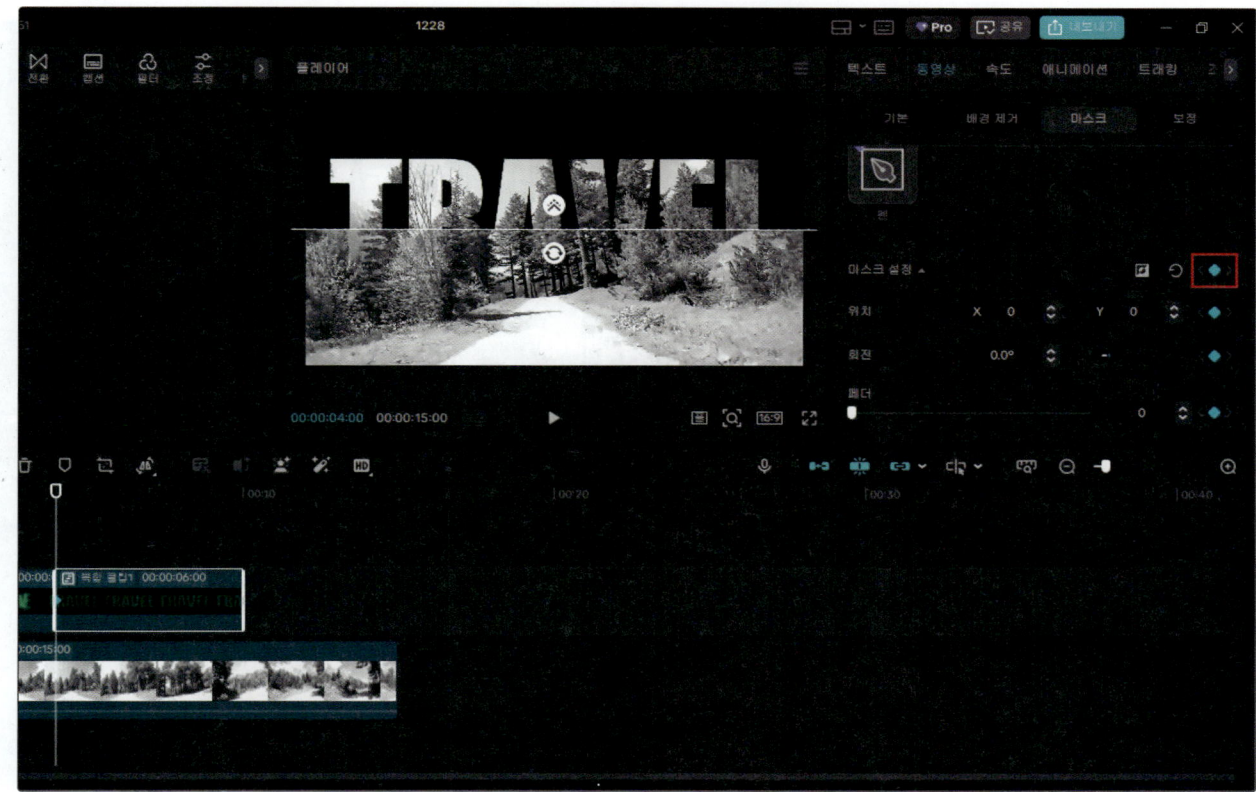

5. 재생 헤드를 복합 클립 끝으로 이동시킵니다. 마스크 설정의 ◆[키프레임 추가]를 클릭한 다음, Y 위치 값을 '600'으로 설정합니다. 마스크가 위쪽으로 이동하여 글씨가 화면에서 가려집니다.

6. ▶ [재생]을 눌러 결과를 확인합니다. 애니메이션이 끝나고, 텍스트가 위로 올라가는 영상이 완성됩니다. Ctrl 키를 누른 상태로 복합 클립을 클릭하여 두 개를 모두 선택합니다.

7. `Alt` 키를 누른 상태로 위로 드래그하여 다음과 같이 복사합니다. 두 번째 클립의 맨 앞에 키
프레임을 선택합니다.

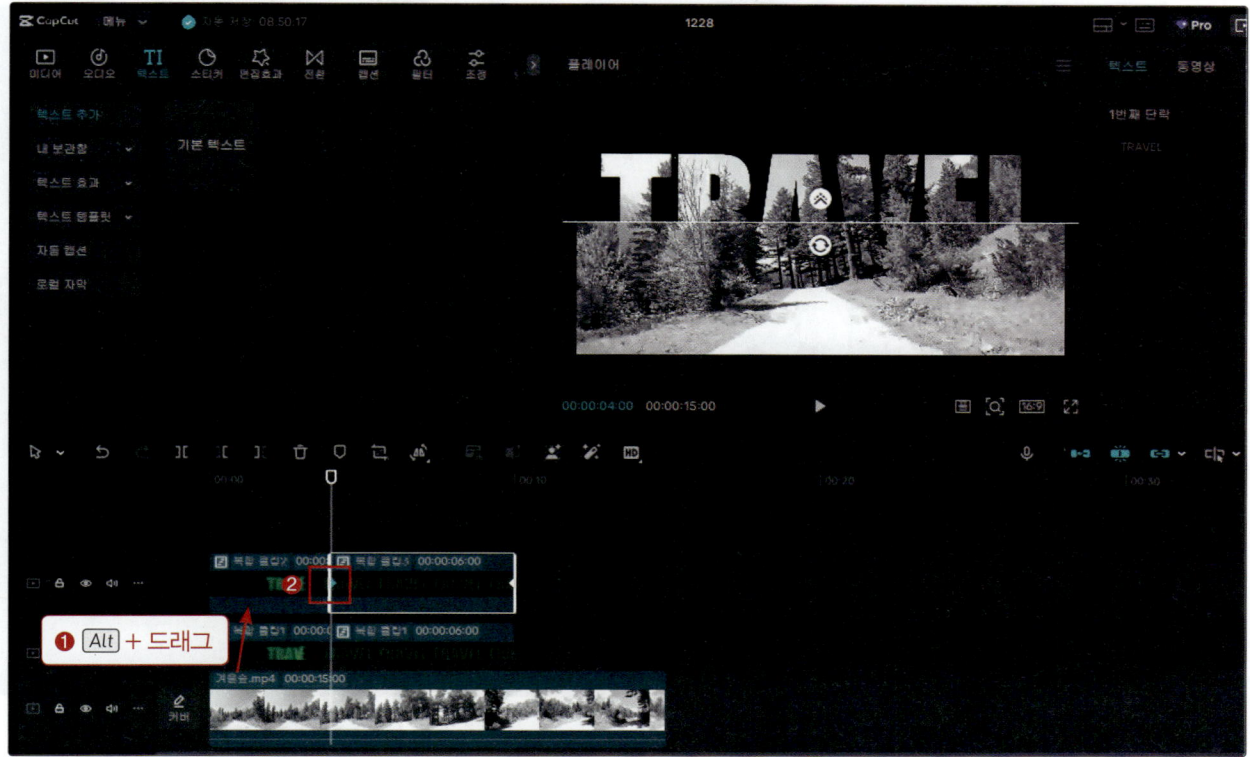

8. [동영상]–[마스크] 탭에서 회전을 '180'도로 설정하여 회전시켜 텍스트 아래 부분이 나오도록
한 다음, 〉 [다음 키프레임]을 클릭하여 재생 헤드를 이동합니다.

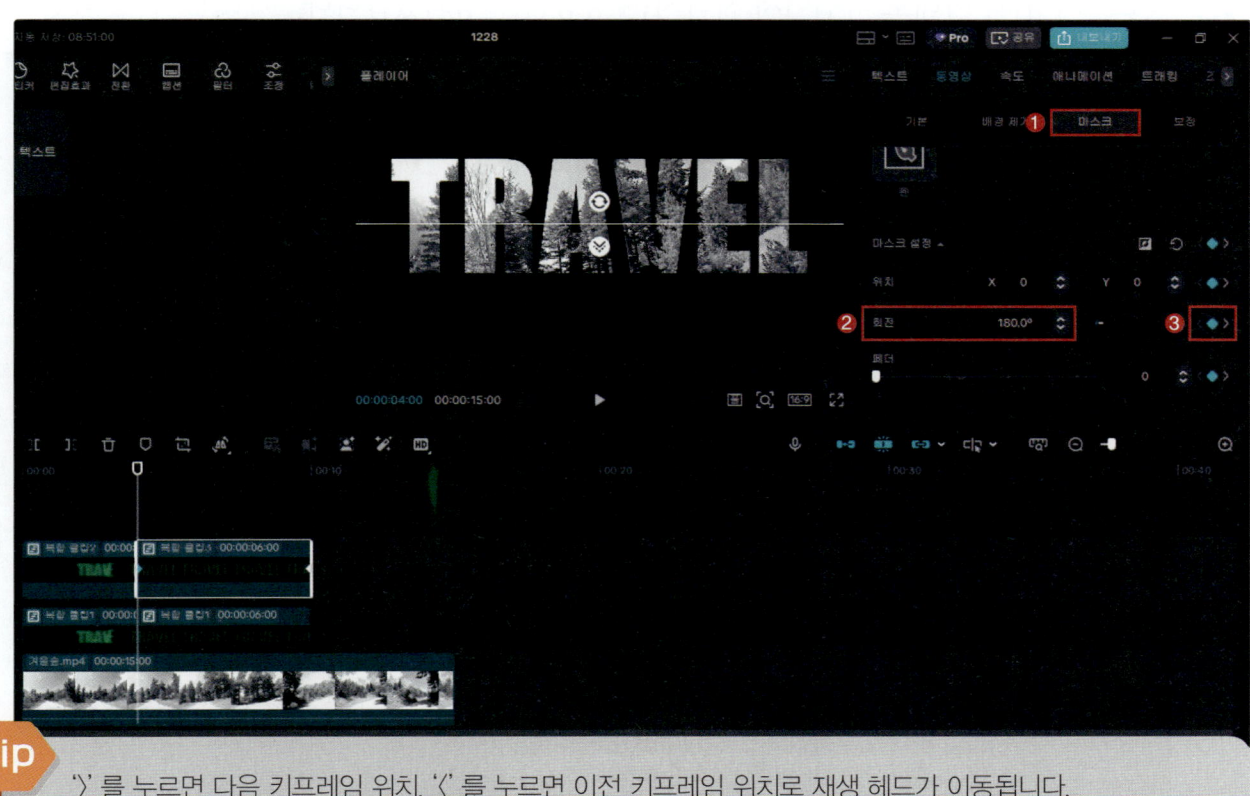

> **tip** '〉' 를 누르면 다음 키프레임 위치, '〈' 를 누르면 이전 키프레임 위치로 재생 헤드가 이동됩니다.

9. 위치의 Y 값을 '−600'으로 설정하면 마스크가 아래쪽 영역 밖으로 이동됩니다. 재생 막대를 맨 앞으로 이동한 다음, ▶ [재생]을 눌러 결과를 확인합니다.

10. 텍스트가 위와 아래로 나뉘어서 사라지는 영상이 완성되었습니다.

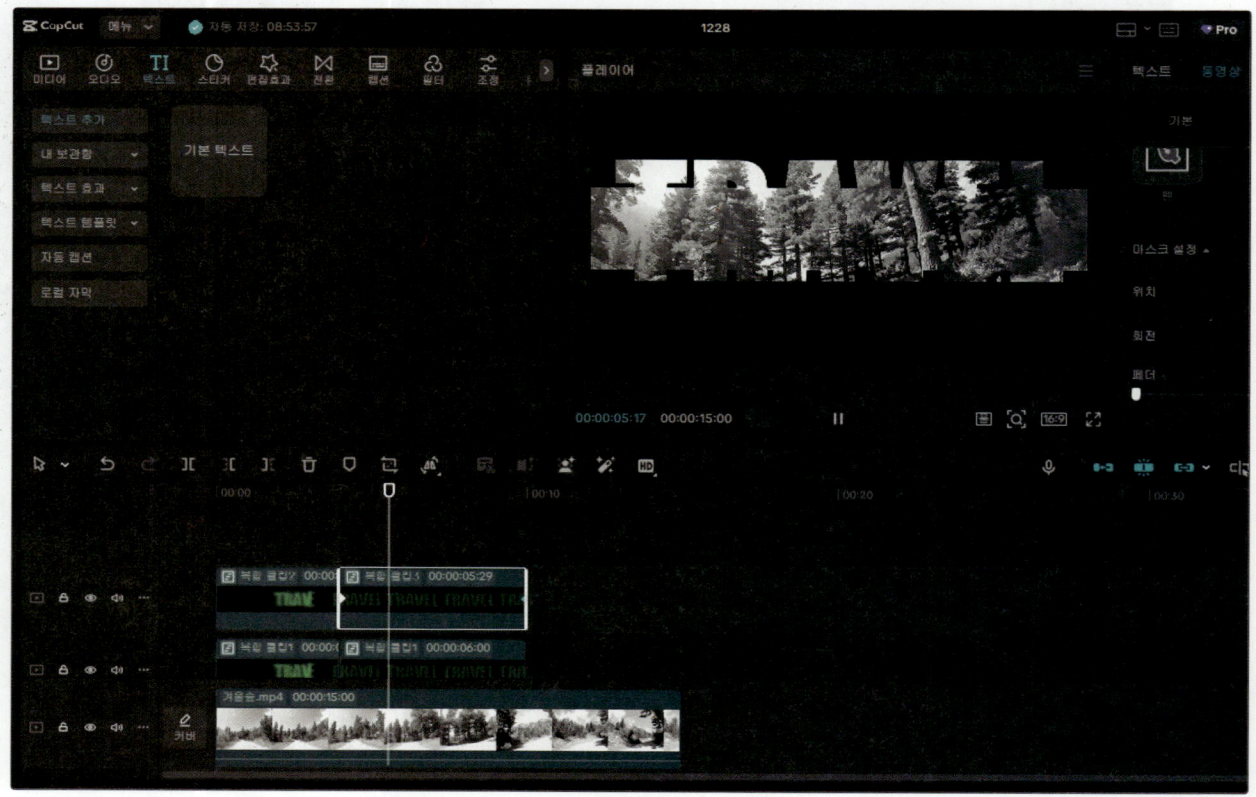

3 음악에 비트 추가하기

1. 재생 막대를 영상 맨 앞으로 이동한 다음, [오디오]-[음악]-[피트니스]를 클릭합니다. 원하는 음악을 클릭한 다음, ⊕[트랙에 추가]를 클릭합니다.

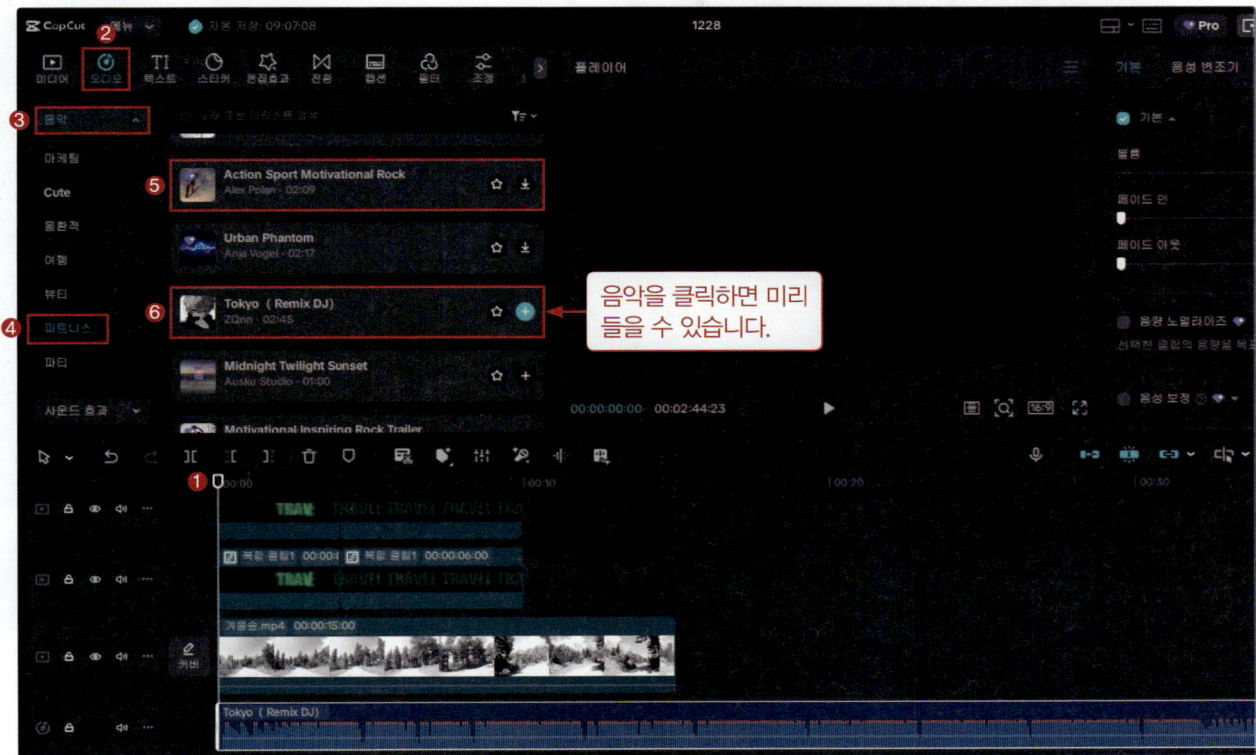

2. 음악에 리듬을 적용하기 위해 🎵[자동 비트 표시]-[비트 1]을 클릭하면 오디오 트랙에 비트 마커가 표시됩니다.

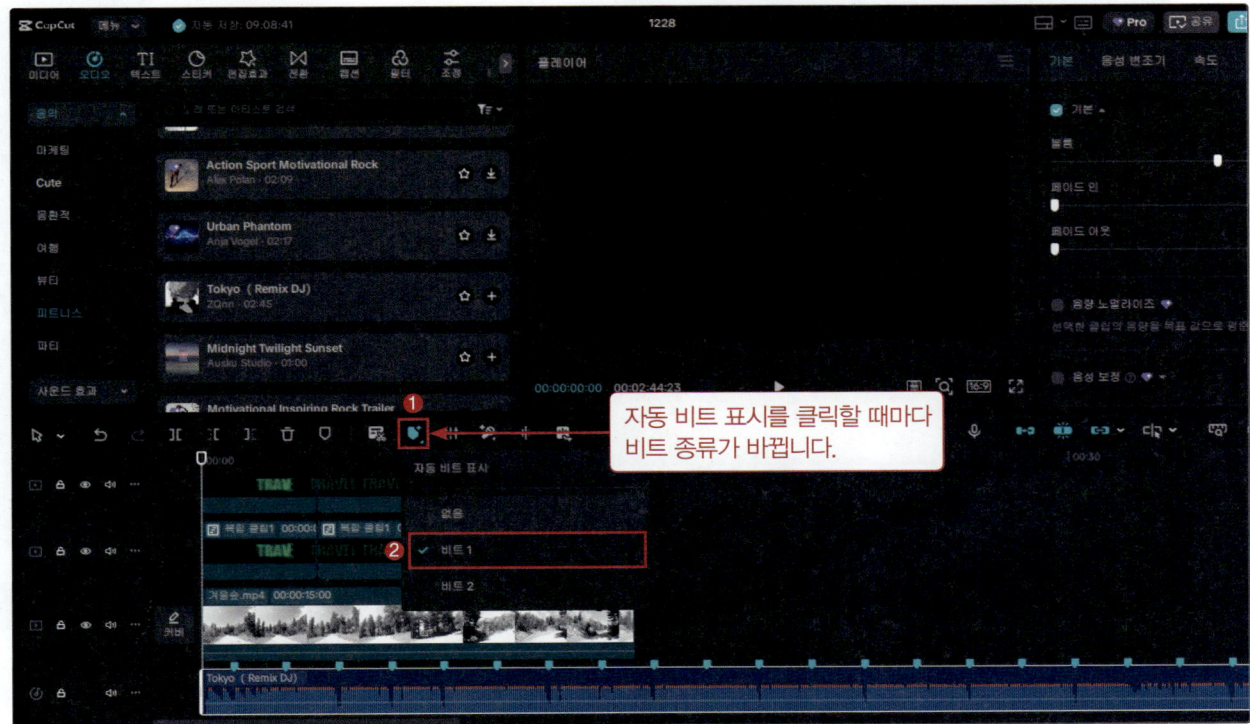

3. 재생 막대를 메인 트랙 영상 맨 뒤로 이동시킵니다. 미디오 목록에서 다음과 같이 이미지를 메인 트랙에 추가한 후, 이미지 크기를 화면 비율에 크기를 맞춥니다.

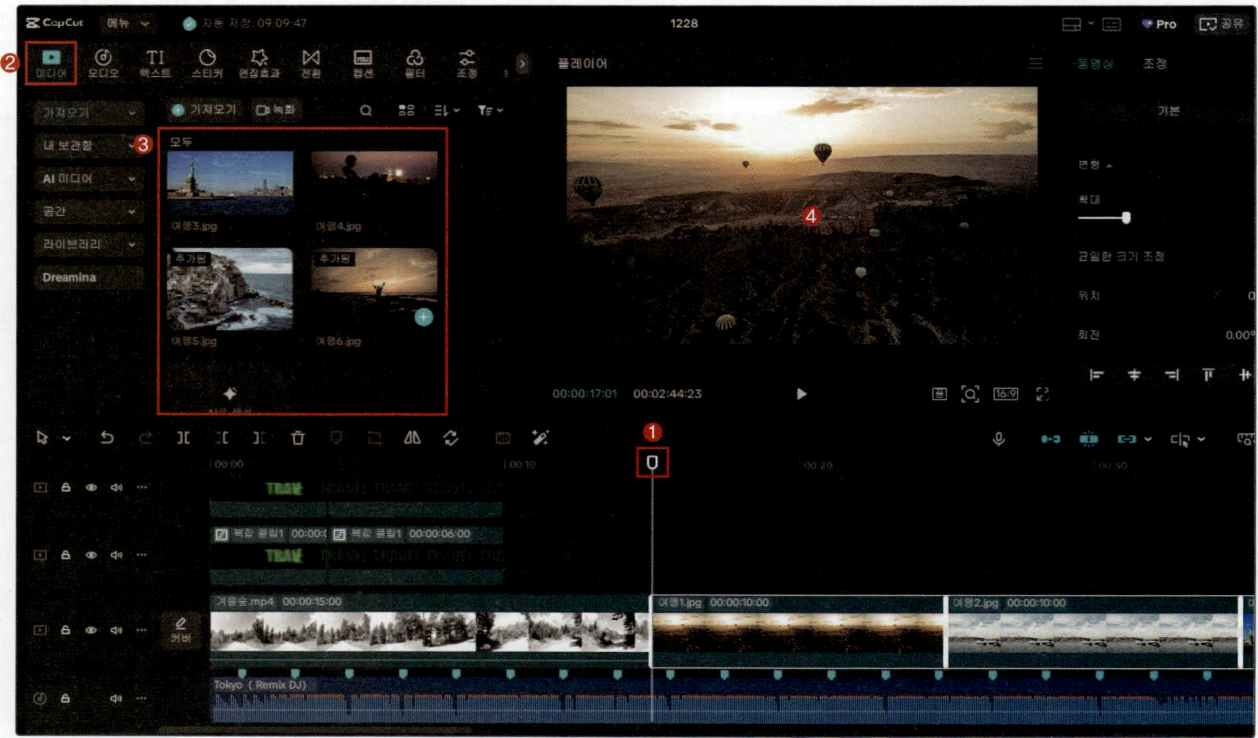

4. 삽입한 이미지의 재생 시간을 비트 표시가 있는 곳까지 다음과 같이 맞춥니다. 만약 필요 없는 비트는 비트 마커에서 마우스 오른쪽 단추를 클릭하여 [마커 삭제]를 클릭합니다.

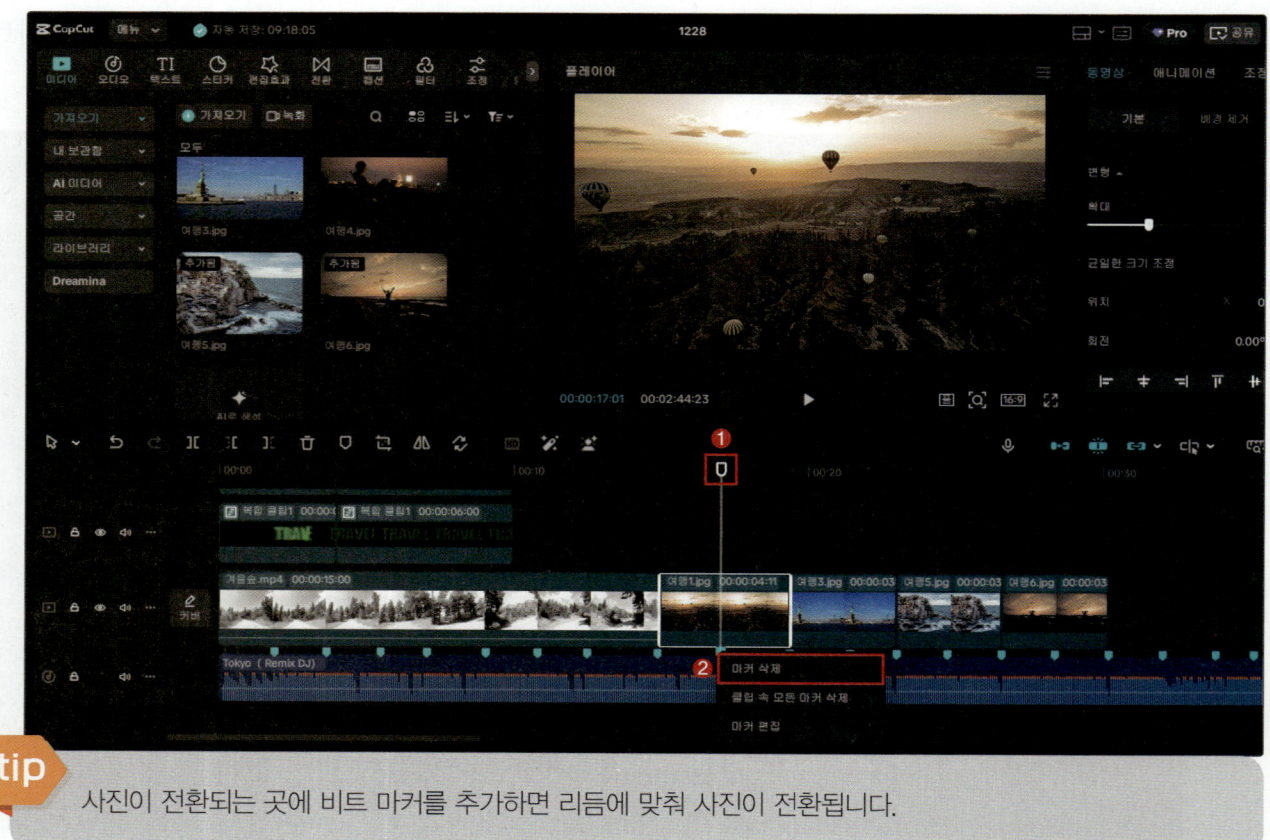

> **tip**
>
> 사진이 전환되는 곳에 비트 마커를 추가하면 리듬에 맞춰 사진이 전환됩니다.

5. 영상 맨 뒤로 재생 막대를 이동합니다. 오디오 클립을 선택한 다음, ▟[오른쪽 자르기]를 클릭합니다.

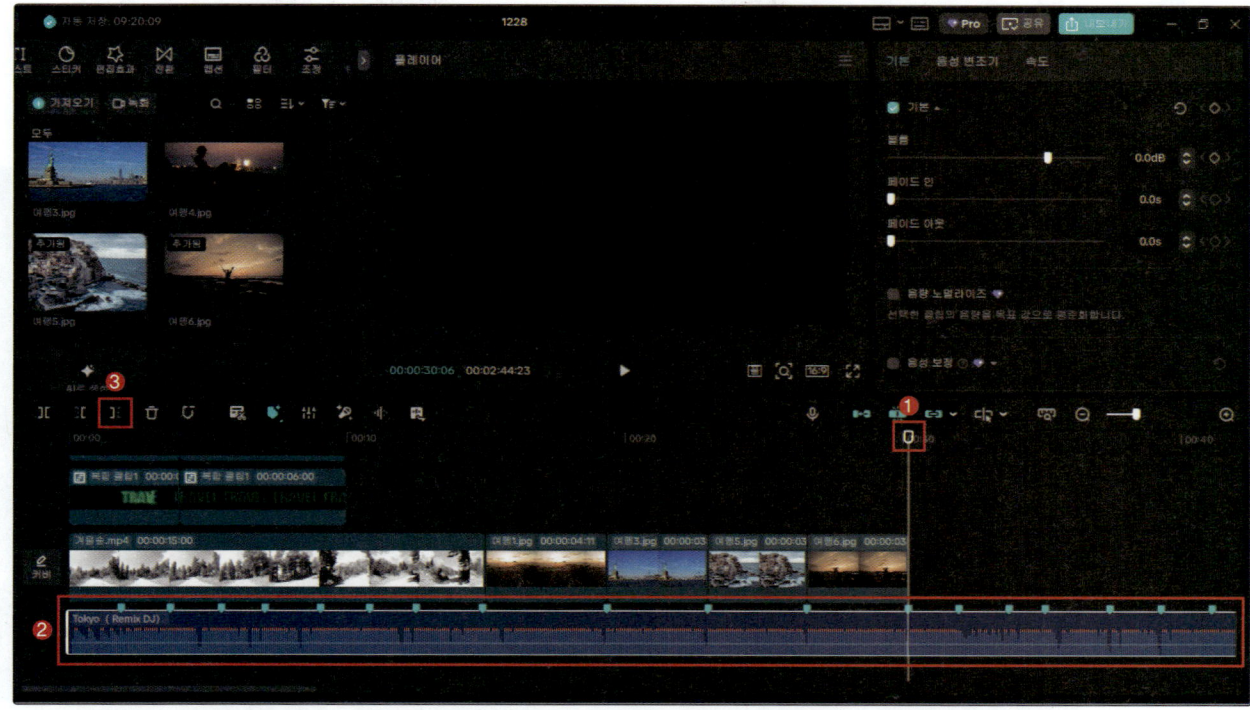

6. [기본] 탭에서 페이드 인과 페이드 아웃의 값을 각각 '1s'로 설정하여 음악의 시작과 끝을 자연스럽게 조절하여 완성합니다.

혼자 풀어보기

1 다음과 같이 크로마키에 사용할 텍스트를 작성하여 크로마키로 이미지가 텍스트 안에 보이도록 해보세요.

2 키프레임을 이용하여 우주 이미지의 이동 경로를 만들어 텍스트를 역동적으로 만들어보세요.

▲ 준비파일 : 우주.jpg
　　완성파일 : STAR.mp4

3 'Vlog' 텍스트를 입력하여 원하는 글꼴에 녹색으로 지정한 후, 시작의 확대는 10%, 끝의 확대는 9000%로 키프레임을 설정하여 내보내기 해보세요.

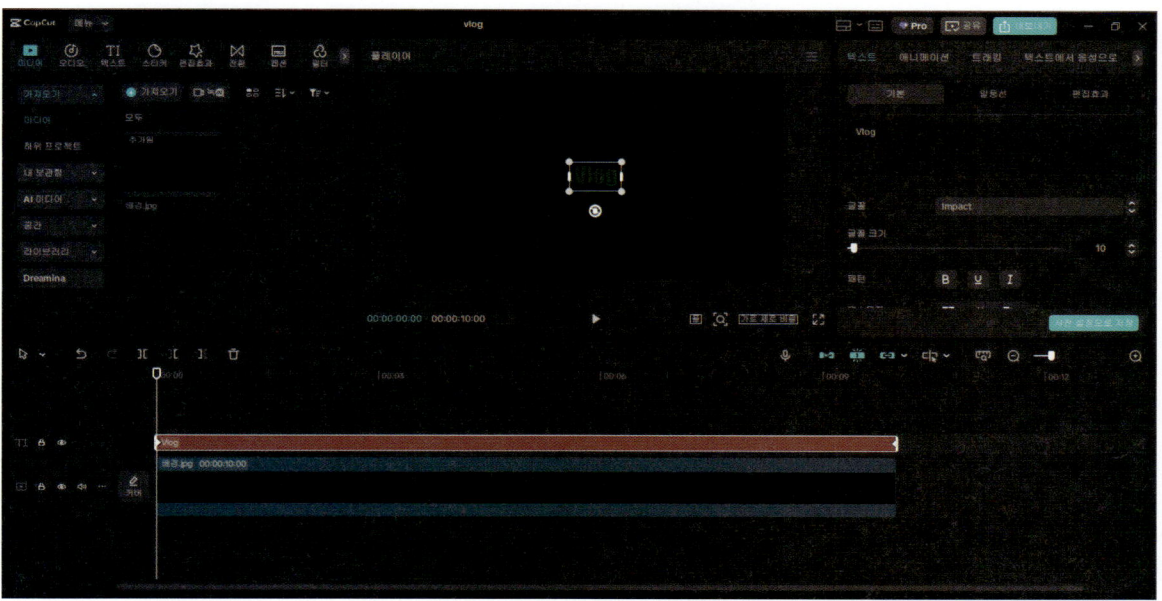

4 크로마키를 이용하여 Vlog 텍스트가 점점 커지면서 글씨 안으로 들어가는 영상을 만들어보세요.

▲ 준비파일 : vlog.mp4, 바다.mp4
완성파일 : 바다_완성.mp4

원리 쏙쏙 IT 실전 워크북 ㊴

누구나 쉽게 배우는 영상 편집 with 캡컷 PC버전

2026년 4월 1일 초판 인쇄
2026년 4월 10일 초판 발행

펴낸이 | 김정철
펴낸곳 | 아티오
지은이 | 김수진
마케팅 | 강원경
표 지 | 김지영
편 집 | 이효정
인 쇄 | 조은피앤피
전 화 | 031-983-4092~3
팩 스 | 031-696-5780
등 록 | 2013년 2월 22일
정 가 | 14,000원
주 소 | 경기도 고양시 일산동구 호수로 336 (브라운스톤, 백석동)
홈페이지 | http://www.atio.co.kr

* 아티오는 Art Studio의 줄임말로 혼을 깃들인 예술적인 감각으로 도서를 만들어 독자에게 최상의 지식을 전달해 드리고자 하는 마음을 담고 있습니다.

* 잘못된 책은 구입처에서 교환하여 드립니다.

◐ 실습 파일 받아보기

– 예제 소스는 아티오(www.atio.co.kr) 홈페이지의 [자료실]에서 다운받으시면 됩니다.